Zu diesem Buch

Kaum ein Aspekt der Gestalttherapie ist so populär wie der »leere Stuhl«; und kaum ein anderer hat zu so vielen Mißverständnissen und Unklarheiten geführt. Das Buch klärt und unterscheidet die verschiedenen Möglichkeiten, mit dem leeren Stuhl therapeutisch zu arbeiten. Grundlegende Differenzierungen, z. B. die Unterscheidung zwischen Selbstgespräch- und Phantasiegespräch-Technik, sowie Überlegungen zu Indikationen und Kontraindikationen unterstützen den Therapeuten bei der Reflexion seines Handelns. Ein spezielles Kapitel geht auf die technischen Modifikationen ein, die in der Arbeit mit schwerer gestörten Klienten zu berücksichtigen sind. Kommentierte Sitzungsprotokolle geben anschauliche Beispiele und konkrete Anregungen für einen kompetenten Umgang mit diesen gestalttherapeutischen Techniken.

Frank-M. Staemmler ist Diplompsychologe; Mitbegründer des »Zentrums für Gestalttherapie« in Würzburg; er arbeitet als Psychotherapeut sowie als Ausbilder und Supervisor für Gestalttherapie; er ist Autor der im J. Pfeiffer Verlag erschienenen Bücher: »Ganzheitliche Veränderung in der Gestalttherapie« (zusammen mit Werner Bock) und »Therapeutische Beziehung und Diagnose«.

Frank-M. Staemmler

Der »leere Stuhl«

Ein Beitrag zur Technik der Gestalttherapie

Verlag J. Pfeiffer · München

Die Deutsche Bibliothek – CIP-Einheitsaufnahme

Staemmler, Frank-Matthias:
Der »leere Stuhl« : ein Beitrag zur Technik der Gestalttherapie /
Frank-M. Staemmler. – München : Pfeiffer, 1995
   (Reihe leben lernen : 99)
   ISBN 3-7904-0628-7
NE: GT

Reihe »Leben lernen«
Nr. 99
herausgegeben von Monika Amler und Siegfried Gröninger

Alle Rechte vorbehalten!
Printed in Germany
Satz: PC-Print, München
Druck: G. J. Manz AG, Dillingen
Umschlagentwurf: Michael Berwanger, München
Titelabbildung: Hugo Waschkowski, Freiburg;
unter Verwendung des Gemäldes von
Otto Dix: »Portrait Fritz Perls«
© VG Bild-Kunst, Bonn 1995
© Verlag J. Pfeiffer, München 1995
ISBN 3-7904-0628-7

Für Werner

in Dankbarkeit
für nunmehr 20 Jahre
Freundschaft und
kreative gemeinsame Arbeit

Inhalt

1.	Einleitung	9
2.	**Gestalttherapeutische Technik und ihr Stellenwert für die Therapie**	16
2.1.	Zum Begriff »gestalttherapeutische Technik«	16
2.2.	Zum Stellenwert gestalttherapeutischer Technik	19
2.2.1.	Beziehung und Technik	19
2.2.2.	Bewußtheit und Technik	25
2.2.3.	Veränderungsprozeß und Technik	27
3.	**Die Techniken mit dem leeren Stuhl**	29
3.1.	Kurzer historischer Rückblick	29
3.2.	Grundlegende Differenzierungen	33
3.3.	Die einzelnen Techniken	45
3.3.1.	Die Selbstgespräch-Technik	45
3.3.1.1.	Die Bearbeitung von Konflikten: »Unfruchtbares« und »fruchtbares« Selbstgespräch	45
3.3.1.2.	Die Bearbeitung von Spaltungen	61
3.3.2.	Die Phantasiegespräch-Technik	92
3.3.2.1.	Monologische Form	96

3.3.2.2.	Dialogische Form	106
3.3.2.2.1.	Phantasierte Reaktion	106
3.3.2.2.2.	Rollenspiel	114
3.3.3.	Identifizierungstechnik	122
3.3.3.1.	Die Aneignung von Projektionen	122
3.3.3.2.	Die Bearbeitung von Träumen	128
4.	**Schlußbemerkungen**	139
5.	**Anhang:** Von Stühlen, Leichen und anderen Menschen – Eine ernstgemeinte Polemik	153
6.	**Verzeichnisse**	164
6.1.	Literatur	164
6.2.	Namen	174
6.3.	Stichwörter	177
6.4.	Diagramme	179

1. Einleitung

»... *eine nichtverstandene Technik wird zum Trick.*«
(F. Perls, 1979, S. 114)

»*No one doubts that there are techniques that can permanently maim people, turn them into zombies, or reduce them to feeble imitations of a mechanism. The difficult thing is to condition people in some positive way that will lead them to be free to develop whatever possibilities they have. And this is indeed a difficult matter, an affair of tact and improvisation ... It is much easier to cripple rigidly than to shape flexibly.*«
(Barrett, 1979, S. 116[1])

Ein alter, untersetzter Mann mit weißem Vollbart und einem ebenso weißen, seine Glatze säumenden Kranz längerer Haare sitzt ruhig in einem bequemen Sessel. Eine Art Kittel im Hippie-Look spannt sich über den kugelförmigen Bauch. Durch die Rauchschwaden einer endlosen Kette von Zigaretten hindurch betrachten etwas milchige, aber wache Augen die Person auf dem Stuhl neben ihm. Er ist der Therapeut, sie ist die Klientin auf dem »hot seat«, die »arbeitet«. Auf sein Geheiß hin erhebt sie sich nach einer gewissen Zeit und setzt sich vorübergehend auf einen anderen, bislang leeren Stuhl, dem »empty chair«, der sich in ein bis zwei Meter Abstand vis-à-vis gegenüber ihrem ursprünglichen Platz befindet. Dabei wendet sie sich ihrer zuvor benutzten Sitzgelegenheit zu und spricht zu dieser so, als säße sie selbst noch

---

[1] »Zweifellos gibt es Techniken, die Menschen auf Dauer zu Krüppeln machen, sie in Zombies verwandeln oder sie auf schwächliche Imitationen eines Mechanismus reduzieren können. Die Schwierigkeit liegt darin, Menschen in positiver Weise zu beeinflussen und sie dahin zu führen, daß sie frei werden, ihre Potentiale zu entfalten. Und das ist in der Tat eine schwierige Angelegenheit, eine Sache von Takt und Improvisation ... Es ist viel einfacher, Menschen auf rigide Weise zu verkrüppeln, als sie auf flexible Art zu formen.«
Aus Gründen der besseren Lesbarkeit habe ich englisch-sprachige Zitate übersetzt und den deutschen Text in Fußnoten hinzugefügt.

dort. Nach einer Weile wechselt sie wieder zurück an ihren ersten Ort, um von hier aus sich selbst zu antworten, die gerade noch den anderen, nun wieder leeren Stuhl benutzt hatte. Dieser Wechsel wiederholt sich einige Male, wobei die Klientin offenbar intensive Emotionen durchlebt. Eine Gruppe konzentrierter Beobachter verfolgt schweigend das Geschehen ...
So ungefähr läßt sich die Szene – oder die Inszenierung – beschreiben, mit der die Gestalttherapie durch die Arbeit von Frederick Salomon Perls in den 60er Jahren bekannt wurde. In ihr verbinden sich seither für viele Menschen das Bild von »Fritz«, von seinem zu jener Zeit überwiegend praktizierten Arbeitsstil und von der Gestalttherapie überhaupt. Die Suggestivkraft dieser Szene und die in ihr enthaltene Verdichtung haben das Image der Gestalttherapie zunächst stark geprägt und üben bis heute einen wichtigen Einfluß auf die Vorstellung aus, die sich zahlreiche Menschen von dieser Therapieform gebildet haben. Erst kürzlich noch wurde in einem Artikel des »Stern« über verschiedene psychotherapeutische Methoden die Gestalttherapie mit einem Foto charakterisiert, auf dem ein Mann mit einem Knüppel auf ein Polster drischt. Unter dem Bild war zu lesen: »Gestalttherapie kann helfen, Gefühle aktiv auszuleben: Ein Patient schlägt hier auf ein Kissen ein – und meint damit eine bestimmte Person« (1993, Nr. 44, S. 114).
Solche Formen der Charakterisierung waren für das Renommee und die qualitative Substanz der Gestalttherapie nicht immer vorteilhaft. Denn sie führten bei Laien ebenso wie bei therapeutischen Fachleuten häufig zu einer Gleichsetzung der Gestalttherapie mit dem persönlichen Stil von Perls oder sogar mit jenen Techniken, die er seinerzeit mit Vorliebe verwendete, nämlich jenen, für die ein leerer Stuhl benötigt wurde: ›Gestalttherapie heißt, der Klient wechselt zwischen zwei Stühlen hin und her.‹ Eine solche Gleichsetzung ist natürlich Unsinn und hat immer wieder zu einem um Wesentliches reduzierten Verständnis der Gestalttherapie beigetragen. Ruth Cohn stellt klar: »Der leere Stuhl ist eine Technik und ein Symbol, nicht jedoch Inhalt der Gestalttherapie« (in: Ronall u. Feder, 1983, S. 10)[2].

[2] Die enge Verknüpfung einer psychotherapeutischen Methode mit einem Möbelstück geschah hier allerdings nicht zum ersten Mal. Der Psychoanalyse war mit der Couch schon zuvor Ähnliches widerfahren.

Selbstverständlich mußte eine junge Therapieform wie die Gestalttherapie über kurz oder lang daran interessiert sein, dieses verfälschte Erscheinungsbild zu korrigieren, wenn sie als seriöse therapeutische Methode Anerkennung finden wollte. Die Geschichte der Gestalttherapie weist daher eine bald nach dem Tod von Fritz Perls einsetzende Gegenbewegung auf, durch die der Stellenwert von Techniken stark zurückgedrängt wurde (vgl. z.B. Vööbus, 1975).

In seinem lesenswerten Artikel »Recent Trends in Gestalt Therapy in the United States and What We Need to Learn from Them« zeichnet Yontef diese historische Entwicklung nach. Er beschreibt zwei gestalttherapeutische Stilrichtungen: »Two contrasting tendencies or styles emerged in Gestalt therapy and still continue. One is a theatrical, cathartic approach in which technique is accentuated more than person to person involvement. (…) The other style is a hard working, person to person, contact oriented approach« (1991a, S. 7[3]). Korb et al. sprechen auch von einem »intrapersonellen« Stil, in dem der Therapeut überwiegend Beobachter des Geschehens im Klienten, und von einem »interpersonellen« Stil, in dem der Therapeut eher Teilnehmer an einem gemeinsamen Geschehen ist (vgl. 1989, S. 93 ff.).

Diese beiden Stile – und eine Reihe von Zwischenformen – bestehen bis heute parallel weiter. Es läßt sich dennoch während der vergangenen zwanzig, dreißig Jahre ein allgemeiner Trend beobachten, der von einem Übergewicht des ersten Stils zu einer heutzutage wesentlich stärkeren Betonung des zweiten geführt hat. Diese erfreuliche Veränderung hat sicherlich viel zur wachsenden Seriosität unserer Therapieform beigetragen, auch wenn das Bild, das immer noch in vielen Köpfen von der Gestalttherapie existiert, dieser Entwicklung hinterherhinkt.

Im Interesse der Seriosität sowie im Interesse eines weiter zu verbessernden Ansehens der Gestalttherapie in der allgemeinen sowie der fachkundigen Öffentlichkeit sollte der zweite von Yontef be-

---

[3] »In der Gestalttherapie entwickelten sich zwei kontrastierende Tendenzen oder Stile, die nach wie vor andauern. Der eine Stil ist theatralisch und kathartisch; hier wird die Technik stärker betont als die persönliche Anteilnahme. (…) Der andere Stil stellt einen Ansatz dar, der sich an harter Arbeit im persönlichen Kontakt orientiert.«

schriebene Stil weiterhin dominant bleiben[4]. (Er muß übrigens durchaus nicht immer in »harte« Arbeit ausarten.) Die persönliche Qualität des Kontakt- und Beziehungsangebotes durch den Therapeuten hat in meinem Verständnis der Gestalttherapie absolute Priorität (vgl. Staemmler, 1993). In diesem Rahmen sind meine folgenden Gedanken zu verstehen.

Meiner Ansicht nach leiden *beide* genannten Stile innerhalb der Gestalttherapie an einem Defizit, nämlich einem Mangel an Reflexion der therapeutischen Technik. Als der erste, Technik-orientierte Stil den Ton angab, wurde gestalttherapeutische Technik naiv und mehr oder weniger virtuos und erfolgreich praktiziert. Weil dieser Stil historisch aber eng mit einem bisweilen haarsträubenden Anti-Intellektualismus einherging (und sicher auch noch aus einer Reihe anderer Gründe), wurde die manchmal wie ein Fetisch gehandhabte Technik keiner gründlichen Reflexion unterzogen. Da, wo sie zum Gegenstand von Veröffentlichungen wurde, setzte man sich nicht differenziert mit den vielfältigen und unterschiedlichen Anwendungsmöglichkeiten sowie den Indikationen und Kontraindikationen einzelner Techniken auseinander, sondern zählte sie im wesentlichen nur auf (vgl. z.B.: Enright, in: Fagan u. Shepherd, 1971, S. 107 ff.; Harman, 1974; Naranjo, 1978; Perls u. Levitsky, in: Perls, 1980, S. 193 ff.). Auch der Stellenwert von Technik überhaupt wurde nicht gründlich thematisiert.

In der bis heute fortdauernden Ära des zweiten Stils fand eine differenzierte Beschäftigung mit gestalttherapeutischer Technik ebensowenig statt[5], wenn auch sicher aus völlig anderen Gründen: Mir scheint, die Betonung der persönlichen Begegnung von Therapeut und Klient und die Ablehnung eines Technik-orientierten Stils führten zu einer weitgehenden Unterschätzung der Bedeu-

---

[4] Grawe et al. stellen zwar mit Recht fest: »Es gibt noch viel zu wenig kontrollierte Untersuchungen zur Wirkung der Gestalttherapie, um sie als ausreichend geprüftes Therapieverfahren einordnen zu können, aber die wenigen Untersuchungen, die vorliegen, lassen eher auf eine gute Wirksamkeit und ein eher breites Wirkungsspektrum schließen« (1994, S. 736). Aber der empirische Wirksamkeitsnachweis kann meines Erachtens nicht das einzige Kriterium für die Qualität und Seriosität einer Methode sein.

[5] Eine der wenigen Ausnahmen bildet ein im November 1993 auf der internationalen Tagung in Wien anläßlich des 100. Geburtstags von Fritz Perls gehaltener Vortrag von Frühmann (in: Freiler et al., 1994).

tung, die einer sensibel, differenziert und kompetent angewandten therapeutischen Technik *auch* zukommt. Das Beziehungsangebot und das Verständnis, die der Therapeut seinem Klienten entgegenbringt, darf nicht nur in seiner Haltung, sondern muß auch in seinem Handeln zum Ausdruck kommen. Deshalb darf die Ebene der Technik nicht von der Reflexion ausgenommen bleiben.

Meines Erachtens gilt das gerade für jene Techniken, die das Bild der Gestalttherapie auf die oben erwähnte Weise geprägt und entstellt haben. Ich meine also die Techniken, bei deren Anwendung ein oder zwei Stühle, Polster, Kissen oder ähnliche Requisiten benutzt werden. Sie machen zwar nur einen *Teil* des technischen Repertoires der Gestalttherapie aus. Aber die Auseinandersetzung mit ihnen scheint mir besonders wichtig, weil sie bis heute wahrscheinlich zu den am häufigsten angewendeten Techniken in der Gestalttherapie gehören.

Aber nicht nur das: Die Techniken mit dem leeren Stuhl sind auch diejenigen, die zu mehreren empirischen Untersuchungen Anlaß gegeben haben (vgl. z. B. Clarke u. Greenberg, 1986, oder Greenberg, in: Rice u. Greenberg, 1984, S. 67 ff.). Sie sind dadurch zu der zweifelhaften Ehre gelangt, in politischen Auseinandersetzungen, in denen »Empirie« gefragt ist, zur Legitimation der Gestalttherapie herangezogen zu werden und auf diese Weise das alte Mißverständnis von der Gestalttherapie als einer Summe von Techniken indirekt zu bestätigen.

Außerdem haben die Techniken mit dem leeren Stuhl sogar Eingang in eine Reihe anderer Therapieformen gefunden – nicht nur in die Transaktionsanalyse, die Klienten-zentrierte bzw. Gesprächspsychotherapie oder die Themenzentrierte Interaktion, wie allgemein bekannt ist, sondern z. B. auch in bestimmte Formen der Psychoanalyse (vgl. Moser, 1990, S. 80), in die Kognitive Verhaltenstherapie (vgl. Elliott, 1992), in die Existentielle Therapie (vgl. Yalom, 1990, S. 50), in eklektische Therapieformen (vgl. Wille, 1991, oder Zalaquett, 1989), in die Systemische Therapie (vgl. Carr, 1986) oder – auf Umwegen – selbst wieder zurück ins Psychodrama (vgl. Speros, 1973), woher sie ursprünglich kamen (vgl. Abschnitt 3.1.).

Alle diese Fakten sind für mich Grund genug dafür, daß mir eine gründliche Reflexion dieser Techniken, ihrer Indikationen, Kontraindikationen sowie ihrer vielen möglichen Anwendungsformen vorrangig am Herzen liegt. Um es ganz klar zu machen und Mißverständnissen vorzubeugen: Ich schreibe in diesem Buch also *nicht* über die Techniken mit dem leeren Stuhl, weil ich selbst sie besonders häufig benutzen würde, weil sie in meiner praktischen Arbeit einen besonderen Stellenwert hätten oder weil sie für mein theoretisches Verständnis von der Gestalttherapie zentral wären. Aber die große Bedeutung, die sie im allgemeinen Bild von der Gestalttherapie und auch bei vielen Gestalttherapeuten nach wie vor haben, scheint mir Grund genug dafür, sie an den Anfang einer längst überfälligen Reflexion und Diskussion gestalttherapeutischer Techniken zu stellen. *Darum* werden gerade die Techniken mit dem leeren Stuhl im folgenden Gegenstand meiner Überlegungen sein.

Mit dem vorliegenden Buch knüpfe ich an meinen ersten Artikel zu dieser Thematik (»Wer spricht? – Sinn und Blödsinn des ›leeren Stuhls‹ in der Gestalttherapie«, 1986) an, aus dem ich einige grundlegende Gedanken in den hiesigen Text übernommen habe. Konsequenzen aus diesen Gedanken, wie ich sie in einer weiteren Veröffentlichung (Staemmler, 1992 – vgl. Anhang) gezogen habe, fließen außerdem ein. Verschiedene Erweiterungen, Differenzierungen und Modifikationen der früheren Ansätze, vor allem aber bestimmte Überlegungen zur Arbeit mit Klienten, die sich mit Spaltungen auseinandersetzen, werde ich hier erstmals zur Diskussion stellen.

Zur Veranschaulichung meiner Gedanken habe ich an mehreren Stellen konkrete Beispiele eingearbeitet. Dabei habe ich bevorzugt auf Transkripte von Fritz Perls selbst zurückgegriffen. Das umfangreiche Material, das er hinterlassen hat, halte ich – trotz mancher heute notwendigen Kritik (vgl. z.B. Bock et al., 1992, oder Dolliver et al., 1980) – immer noch für eine Fundgrube, in der zu stöbern sich unter vielerlei Fragestellungen immer wieder lohnt.

Ich möchte in dieser Arbeit *mein* Verständnis der Techniken mit dem leeren Stuhl darlegen, wie es sich bis heute in meiner 18jährigen Tätigkeit im »Zentrum für Gestalttherapie«, Würzburg, entwickelt hat[6]. Ich bin sicher, daß es, wie in anderen Fragen, auch

---

[6] Barbara Staemmler und Werner Bock waren für mich dabei wichtige Gesprächspartner. Sie haben mich auch bei der Arbeit am Manuskript zu diesem Buch in vieler Hinsicht unterstützt. Dafür danke ich ihnen herzlich.

hier andere, zum Teil wohl noch nicht niedergeschriebene Möglichkeiten gibt, diese Techniken zu verstehen und sinnvoll zu nutzen. Manchmal können Techniken, von *einem* Therapeuten auf *seine* Weise sinnvoll angewandt, in den Händen eines anderen Therapeuten nutzlos werden, z. B. wenn er den Stil des ersten nur imitiert. Mir geht es daher nicht um ein einheitliches Verständnis, sondern darum, daß gestalttherapeutische Technik auf durchdachte Weise zum Vorteil unserer Klienten genutzt wird, damit sie nicht eine Ansammlung von beliebigen oder gar schädlichen Tricks wird bzw. bleibt.

»... one can think of techniques as carpentry tools: such as hammers, screwdrivers, and saws. Give a box of tools to someone who has limited theoretical and practical knowledge concerning their utilization, and they become at best inefficient instruments; at worst deadly weapons. Give the same tools to a skilled carpenter, and their use takes on a creative and artistic form« (Melnick, 1980, S. 18[7]).

Ich hoffe, mit dieser Arbeit Anregungen für eine reflektierte, differenzierte und manchmal vielleicht auch kunstvolle Anwendung der diskutierten Techniken geben zu können. Sollte sich diese Hoffnung erfüllen, wäre vielleicht ein erster Schritt in Richtung auf eine Rehabilitation dieser Techniken getan, und der Weg zu einer kreativen Nutzung ihres zunächst lange über- und dann lange unterschätzten therapeutischen Potentials wäre frei.

---

[7] »... man kann Techniken mit Zimmermannswerkzeugen vergleichen: Hämmern, Schraubenzieher und Sägen. Wenn man jemandem einen Werkzeugkasten gibt, der ein begrenztes theoretisches und praktisches Wissen von ihrer Nutzung besitzt, werden sie bestenfalls zu wirkungslosen Instrumenten, schlimmstenfalls zu tödlichen Waffen. Gibt man dieselben Werkzeuge einem erfahrenen Zimmermann, wird er sie auf kreative und kunstvolle Weise verwenden.«

2. Gestalttherapeutische Technik und ihr Stellenwert für die Therapie

2.1. Zum Begriff »gestalttherapeutische Technik«

Ich möchte in diesem Abschnitt einige Gedanken formulieren, die die Grundlage für meine spätere Beschäftigung mit bestimmten Techniken darstellen. Sie befassen sich mit den zwei folgenden Fragen:
(1) Was ist unter gestalttherapeutischer Technik zu verstehen?
(2) Welchen Stellenwert hat die Technik innerhalb der Gestalttherapie?

Die Frage, was unter gestalttherapeutischer Technik zu verstehen ist, verlangt eine Definition, die ich zunächst versuchen will; ich werde sie, dem üblichen Sprachgebrauch entsprechend, in eine allgemeine und eine spezielle Variante unterteilen: *Die* gestalttherapeutische Technik im allgemeinen verstehe ich als einen Oberbegriff; er bezeichnet die Summe jener im Rahmen der Gestalttherapie systematisierten Verhaltensmuster, die vom Therapeuten im Zuge seiner Umsetzung gestalttherapeutischer Theorie in die Praxis gegenüber seinem Klienten realisiert werden können. *Eine* gestalttherapeutische Technik im besonderen meint dann ein bestimmtes Verhaltensmuster aus der Summe aller vorhandenen.

Auf einige Aspekte meiner Definition möchte ich nun kurz genauer eingehen. Da ist von *Verhaltens*mustern die Rede, denn die Ebene der therapeutischen Technik beschreibt immer die Ebene des Therapeutenverhaltens, nicht aber die seiner Einstellung. Es ist sinnvoll, beide Ebenen theoretisch klar voneinander zu unterscheiden, auch wenn sie in der Praxis immer Hand in Hand gehen. Denn nur die Unterscheidung von Einstellung und Verhalten schafft die Voraussetzung für die Setzung der von mir in der Einleitung schon hervorgehobenen Priorität der Beziehungsebene in der therapeutischen Kommunikation.

Natürlich ist eine solche Unterscheidung in einem gewissen Maße künstlich. Viele Beispiele aus der alltäglichen Praxis zeigen aber, wie nützlich sie dennoch ist. So kommt es immer wieder vor, daß Therapeuten gegenüber ihren Klienten eine – z. B. moralisierende – Haltung einnehmen, die deren Veränderungsprozeß nicht unterstützt; ein derartiges Manko läßt sich auch nicht durch die korrekte Anwendung von Technik kompensieren. Auch die umgekehrte Diskrepanz kann man manchmal beobachten: Die Haltung des Therapeuten ist dem Klienten und der therapeutischen Aufgabe angemessen, aber Fehler oder Ungeschicklichkeiten auf der technischen Ebene schränken die positive Wirkung des Therapeuten auf der Beziehungsebene ein. Die Unterscheidung von Beziehungs- und Handlungsebene, von Einstellung und Technik macht es möglich, den Beitrag des Therapeuten zur Wirksamkeit der Therapie auf der jeweiligen Ebene genau zu untersuchen und bei Bedarf gezielt zu fördern.

Der nächste Aspekt meiner Definition therapeutischer Technik, auf den ich hinweisen will, betrifft die Formulierung »*Verhaltensmuster*«. Damit möchte ich betonen, daß der Therapeut in seinem Verhalten bei der Verwendung einer Technik immer nur einem allgemeinen Muster folgt, einer Vorgabe mit einem gewissen Abstraktionsgrad. Sie läßt ihm die Freiheit, seinen jeweiligen persönlichen Stil zu verwirklichen und die konkrete Umsetzung des Musters den spezifischen Gegebenheiten der Situation sowie der einzigartigen Person des Klienten entsprechend zu modifizieren und kreativ zu handhaben. »Techniques emerge out of the needs of each situation. The therapist must be as unique as each moment« (Latner, 1986, S. 137[1]).

Gestalttherapeutische Technik ist also kein Set von Schablonen, in die der Therapeut sein Verhalten zu pressen hätte; sie erlaubt ihm vielmehr, die Realisation seiner therapeutischen Individualität immer neu zu gestalten. Ohne diese Freiheit würde die Technik letzten Endes zur persönlichen Unkenntlichkeit des Therapeuten führen und damit ein Grundelement der gestalttherapeutischen Beziehung zerstören. In diesem Sinne verstehe ich die folgende Äußerung von Fritz Perls: »Ich akzeptiere niemanden als kompe-

---

[1] »Techniken erwachsen aus den Erfordernissen jeder Situation. Der Therapeut muß so einzigartig sein wie jeder Moment.«

tenten Gestalttherapeuten, solange er noch ›Techniken‹ benutzt. Wenn er seinen eigenen Stil nicht gefunden hat, wenn er sich selbst nicht ins Spiel bringen kann und den *Modus* (oder die Technik), die die Situation verlangt, nicht der Eingebung des Augenblicks folgend erfindet, ist er kein Gestalttherapeut« (1980, S. 170 – Hervorhebung im Original).
Selbstverständlich kann aus dieser Feststellung von Perls nicht der Anspruch abgeleitet werden, ein Gestalttherapeut müsse mit jeder Intervention eine neue, kreative Leistung an den Tag legen. Aber sie bedeutet den Verzicht auf Stereotypien und das floskelhafte Festhalten an vorgegebenen therapeutischen Verhaltensweisen; sie fordert die Bereitschaft des Therapeuten, sich auf jede neue Situation mit jedem einzelnen Klienten möglichst unvoreingenommen einzulassen. »For a central aspect of Gestalt therapy is its open exploratory attitude that avoids imitations, mechanical assumptions or sterile repetitions and seeks the unique creative resolution of this unique situation for this unique person, in this relationship, in this field, at this moment in time« (Clarkson u. Mackewn, 1993, S. X[2]).
Den Verhaltensmustern, die ich in meiner Definition von therapeutischer Technik erwähne, habe ich noch das Adjektiv »systematisiert« beigegeben; damit ist ein weiterer Aspekt angesprochen: Das gesamte Verhalten eines Therapeuten läßt sich zu einem großen Teil bestimmten Mustern zuordnen, die in immer neuen konkreten Variationen auftreten. Von diesen Mustern ist ein gewisser Prozentsatz unabhängig davon, ob die entsprechende Person gerade therapeutisch tätig ist oder nicht. Dieser Prozentsatz gehört zu den *persönlichen* Verhaltensmustern des Menschen, die sich sowohl im privaten Bereich wie auch bei der Ausübung seines therapeutischen Berufs zeigen. Sie gehören aber nicht zur therapeutischen Technik, eben weil sie keine *systematische* Bedeutung für die Therapie besitzen, auch wenn sie diese natürlich beeinflussen. Sie können darum nicht Gegenstand der Literatur über gestalttherapeutische Technik sein, und sie werden, wenn überhaupt, nur zu-

---

[2] »Denn ein zentraler Aspekt der Gestalttherapie ist ihre offene, forschende Haltung, aus der heraus Imitationen, mechanische Annahmen oder sterile Wiederholungen vermieden werden und eine einzigartige kreative Lösung in dieser einzigartigen Situation für diese einzigartige Person, in dieser Beziehung, in diesem Feld, in diesem Moment gesucht wird.«

fällig in einem systematischen Zusammenhang mit gestalttherapeutischer Theorie stehen. Damit komme ich zum letzten Aspekt meiner Definition, auf den ich besonders verweisen will: Ich habe therapeutische Technik gefaßt als die »systematisierten Verhaltensmuster, die vom Therapeuten *im Zuge seiner Umsetzung gestalttherapeutischer Theorie in die Praxis* gegenüber seinem Klienten realisiert werden können«. Eine Technik kann zwar spontan neu erfunden werden, sie kann aber nur dann für sich in Anspruch nehmen, *gestalttherapeutisch* zu sein, wenn sie mit gestalttherapeutischer Theorie kompatibel ist. Das gilt jedenfalls hinsichtlich ihrer zentralen Elemente. Dazu zähle ich vor allem:
(1) die Theorie der therapeutischen Beziehung, man könnte auch sagen, der ›allgemeinen‹ Heilfaktoren,
(2) die Theorie der ›speziellen‹ Heilfaktoren (vgl. insbesondere den Begriff der Bewußtheit) und
(3) die Theorie des Veränderungsprozesses.
Unter dem jeweiligen Aspekt dieser drei theoretischen Bereiche werde ich mich nun der zweiten zu Beginn dieses Abschnitts formulierten Frage nach dem Stellenwert gestalttherapeutischer Technik zuwenden.

2.2. Zum Stellenwert gestalttherapeutischer Technik

2.2.1. Beziehung und Technik

Der für mich wichtigste Aspekt der Frage nach dem Stellenwert gestalttherapeutischer Technik ist das Verhältnis von Beziehung und Technik. Hycner hat es kurz und bündig so formuliert: *»Die Technik muß aus dem Kontext der Beziehung entstehen«* (1989, S. 63 – Hervorhebung im Original). Ich selbst habe mich mit dieser Thematik an anderer Stelle (Staemmler, 1993) im Grundsatz beschäftigt. Dort habe ich versucht, das Verhältnis von Martin Bubers (1984) »Grundworten«, »Ich-Du« und »Ich-Es«, in seiner

Bedeutung für die Gestalttherapie zu bestimmen. Bubers Begriffe und ihre Bedeutung setze ich im weiteren als bekannt voraus.
Ich gehe davon aus, daß therapeutische Technik dem Bereich des »Ich-Es« zuzuordnen ist, ja für diesen Bereich geradezu prototypisch ist. Diese Zugehörigkeit erklärt, warum Techniken, wenn sie ohne die unbedingt erforderliche Einbindung in ein fundiertes Verständnis von der gestalttherapeutischen Beziehung angewandt werden, therapeutisch nutzlos bleiben oder gar schädlich wirken können. Wie jede Art von Machtmißbrauch hat auch der mögliche Mißbrauch von Techniken durch Therapeuten die Tatsache zur – notwendigen, aber keineswegs hinreichenden – Voraussetzung, daß der Mensch, auf den sich die Anwendung der Technik bezieht, zum Objekt einer zweckorientierten Handlung gemacht wird.
Ich wähle die Wendung »*Objekt* einer *zweck*orientierten Handlung« mit Bedacht, da sie das Wesen eines »Ich-Es«-Verhältnisses zwischen Menschen, wie es von Buber charakterisiert wird, deutlich macht. Sobald der Therapeut erwägt, eine bestimmte Technik anzuwenden, muß er sich notwendigerweise für eine mehr oder weniger lange Zeitdauer gegenüber seinem Klienten in eine relative Distanz begeben, die es ihm ermöglicht, die Situation, von der er selbst ein Teil ist, zu reflektieren, eine Entscheidung darüber zu treffen, was er als nächsten Schritt für sinnvoll hält, um dann entsprechend gezielt zu handeln. Er stellt, so könnte man auch formulieren, eine Indikation für eine bestimmte Maßnahme, und diese soll den Zweck erfüllen, die Situation und den Klienten auf eine bestimmte Weise zu beeinflussen.
Wenn der Therapeut »… Techniken anwendet, nimmt er für eine gewisse Zeit eine Ich-Es-Haltung ein, was gut und notwendig ist, wenn die Technik maßgeschneidert sein und den Bedingungen der Situation und der vom Klienten bearbeiteten Thematik gerecht werden soll. Gerade wenn er seine Ich-Es-Haltung derart nutzt, stellt der Therapeut sie in den Dienst seines persönlichen Ich-Du-Engagements für seinen Klienten. Sie trägt dann dazu bei, den Klienten zunehmend zu befähigen, seinerseits in Beziehung zu treten, indem sie ihm, vermittelt über die Technik, Hilfestellung auf seinem Weg in diese Richtung leistet.
Solche Momente der Ich-Es-Haltung des Therapeuten haben daher ihre Berechtigung als Augenblicke der notwendigen Unter-

stützung für den Klienten. Sie stehen im Dienste des Ich-Du. Sie sind die für die notwendige Strukturierung der therapeutischen Situation erforderliche ›Übersetzung‹ der Ich-Du-Haltung auf die Ebene des Handelns. Und der Therapeut bleibt ihnen nach Möglichkeit nicht verhaftet, sondern ist sich ihres passageren Charakters bewußt, um so jederzeit wieder in seine Ich-Du-Haltung zurückkehren zu können« (Staemmler, 1993, S. 33). Damit ist klar, daß die Anwendung einer Technik nur eine Form sein kann, in der die authentische, persönliche Antwort des Therapeuten auf die momentane Situation seines Klienten ihren Ausdruck findet. Diese Funktion kann eine Technik nur dann bekommen, wenn der Therapeut sich ihrer funktionalen Bedeutung bewußt ist und wenn er sie in dem Wissen anwendet, daß die Heilsamkeit der therapeutischen Beziehung für den Klienten verlorengine, wenn Funktionalität in ihr überhaupt zur wesentlichen Dimension würde.

Umgekehrt wäre es naiv zu meinen, der Beziehungsaspekt sei der einzig wichtige. Konkrete therapeutische Situationen verlangen konkretes therapeutisches Handeln. Die kompetente Anwendung therapeutischer Technik, die sich in die Erfordernisse einer dialogischen Beziehung zwischen Therapeut und Klient einfügt, wirkt selbst positiv auf die Beziehung zurück. Erst in dieser befruchtenden Wechselwirkung von dialogischer Beziehung und differenziert und gekonnt angewandter Technik kann sich das ganze Potential der Gestalttherapie zum Vorteil des Klienten entfalten. Dann kann Realität werden, was Yontef so beschreibt, als sei es schon immer wahr: »Techniques that emerge from a dialogical relationship and clear understanding of the patient's ... therapeutic needs are an integral and important part of Gestalt therapy's experimental phenomenological methodology. The combining of dialogue and phenomenological experimentation is one of the valuable and unique contributions of Gestalt therapy« (1991b, S. 114[3]). Diese Verbindung zeigt sich darin, *wie* der Therapeut die Techniken einbringt und benutzt. Denn in der Art und Weise, mit der er

---

[3] »Techniken, die aus einer dialogischen Beziehung und einem klaren Verständnis ... der therapeutischen Bedürfnisse des Klienten erwachsen, sind ein integraler und wichtiger Teil der experimentellen phänomenologischen Methodologie in der Gestalttherapie. Die Verbindung von Dialog und phänomenologischem Experimentieren ist einer der wertvollen und einzigartigen Beiträge der Gestalttherapie.«

eine Technik anwendet, drückt sich der Beziehungsaspekt der Kommunikation des Therapeuten gegenüber seinem Klienten aus. So wird z. B. ein Therapeut, der sich die Situation eines mit gestalttherapeutischen Techniken unerfahrenen Klienten angemessen vergegenwärtigt, bemüht sein, diesem den Sinn der Benutzung des leeren Stuhls zunächst auf für ihn verständliche Weise zu vermitteln, anstatt von ihm zu verlangen, sich den Vorgaben der Technik blindlings zu unterwerfen. Denn die aus einer dialogischen Haltung heraus verwendeten »Techniken erwachsen aus dem Kontext der Beziehung. An ihnen ist nichts falsch, solange sie der Situation nicht künstlich übergestülpt werden« (Hycner, 1990, S. 38).

E. Polster schreibt dazu: »How many times have you seen a Gestalt therapist conduct experiments and think the patient has the responsibility for finding the right context and doing the experiment, without orientation, without explanation, without preparation, without context. First of all, they often can't do it. Second, if they could, it sometimes reflects a slave mentality to just do it without seeing the point« (1985, S. 20[4]).

Polster schließt ein Beispiel aus seiner Praxis an, mit dem er zeigen will, wie man eine Technik so einführen kann, daß es für den Klienten sinnvoll und möglich ist, sich auf sie einzulassen:

»Wenn ich z. B. jemanden unter Benutzung des leeren Stuhls zu seinem Vater sprechen lassen möchte und er mir entweder gesagt hat oder ich vermute, daß er nicht gerne zu abwesenden Leuten spricht, denke ich nicht, er will mich für dumm verkaufen oder Widerstand leisten. Im Gegenteil, ich glaube, er benutzt seinen gesunden Menschenverstand und weigert sich zu tun, was sich für ihn nicht stimmig anfühlt. Darum sage ich vielleicht zu ihm: ›Hör mal, ich habe ein paar komische Methoden, und ich will dir sagen, was ich vorhabe. Dein Vater ist nicht hier. Ich weiß, es gibt bestimmte Dinge, die du deinem Vater sagen willst, und ich weiß,

---

[4] »Wie oft haben Gestalttherapeuten Experimente durchgeführt und dabei gedacht, der Patient trage die Verantwortung dafür, den richtigen Kontext dafür zu finden. Und sie haben dann das Experiment durchgeführt, ohne dem Patienten eine Orientierung oder Erläuterung zu geben, ohne ihn darauf vorzubereiten und ohne einen Zusammenhang herzustellen. Zuerst und vor allem können die Patienten das Experiment oft gar nicht ausführen. Und zweitens, wenn sie es können, ist es manchmal Ausdruck einer sklavischen Mentalität, es einfach auszuführen, ohne seinen Sinn zu verstehen.«

daß man so was nicht gut klarkriegt, wenn man es nur in seinem Kopf denkt. Ich kann dir kaum die richtigen Fragen stellen, um es alles herauszubekommen. Ich glaube, daß dir diese Methode dabei helfen wird. Vielleicht hilft sie dir nicht gleich auf Anhieb, weil du dir vielleicht zunächst etwas albern vorkommen wirst.‹ Er antwortet: ›Du hast verdammt recht, ich werde mich blöd fühlen. Es würde mich eigentlich wundern, wenn ich es überhaupt täte.‹ Darauf entgegne ich: ›Wie wär's, wenn ich es täte?‹ (Ich nehme an, ich habe bei ihm schon ein paar Pluspunkte für Zurechnungsfähigkeit gesammelt.) Und er erwidert: ›Ja, in Ordnung, mach du's.‹ Also spreche ich zu meinem Vater oder auch zu seinem, je nach den Umständen. Fünf Minuten später spricht er zu seinem Vater und ist froh darüber« (a.a.O.[5]).

Ob man die Anwendung einer Technik so einleitet wie Polster oder auf eine andere Weise, ist natürlich auch wieder eine Frage des persönlichen Stils des jeweiligen Therapeuten. Unabhängig vom individuellen Stil geht es aber darum, die Technik im Sinne eines nachvollziehbaren und vom Klienten möglicherweise auch abzulehnenden Vorschlags zu benutzen. »Otherwise, what the gestaltist is actually demanding is full control of the client in exchange for facilitating intrapersonal awareness. (...) It is to this extent that the gestaltist is disrespectful of the client's existential position in the world and to this extent, gestalt therapy ... dehumanizes clients by not helping them maintain their integrity. The client's own good reasons for what he or she chooses to do *must* be affirmed« (Bergantino, 1977, S. 53 f.[6] – Hervorhebung im Original). Nur eine Transparenz, die dem Klienten die kritische Überprüfung der Frage ermöglicht, ob die vom Therapeuten angebotene Technik ihm sinnvoll erscheint, und Toleranz gegenüber den daraus fol-

---

[5] Ich gebe dieses Zitat wegen seiner Länge nur in meiner deutschen Übersetzung wieder.

[6] »Geschieht dies nicht, bedeutet das, daß der Gestalttherapeut die volle Kontrolle über den Klienten als Preis für die Unterstützung seiner intrapersonalen Bewußtheit fordert. (...) In dem Maß, wie das der Fall ist, verweigert der Gestalttherapeut dem Klienten den Respekt vor seiner existenziellen Position in der Welt, und in diesem Maß entmenschlicht die Gestalttherapie ihre Klienten, indem sie ihnen nicht bei der Aufrechterhaltung ihrer Integrität hilft. Die eigenen guten Gründe, die der Klient für sein Verhalten hat, *müssen* bestätigt werden.«

genden Entscheidungen können einigermaßen sicherstellen, daß die Technik nicht-manipulativ, und das heißt der Würde und Autonomie des Klienten angemessen, eingesetzt wird.

Zusätzlich halte ich es für sehr wichtig, im weiteren Verlauf der Arbeit, also auch noch *nachdem* die Technik vom Klienten akzeptiert wurde, kontinuierlich darauf zu achten, *auf welche Art und Weise* der Klient die Technik aufgreift. Denn darin zeigt sich u. a., wie der Klient zu seinem Therapeuten in Beziehung tritt. Die von Polster erwähnte »slave mentality« ist dafür nur eines von vielen möglichen Beispielen, an dem sich in sehr augenfälliger Weise demonstrieren läßt, wie absurd und unproduktiv die Weiterführung einer technischen Absicht durch den Therapeuten werden kann, wenn er bedeutsame Botschaften des Klienten auf der Beziehungsebene übersieht, denen eigentlich seine vorrangige Aufmerksamkeit gehören müßte.

Dabei können Motive des Therapeuten eine Rolle spielen, deren Auswirkungen auf den Klienten in der Regel nicht wünschenswert sind. Lynne Jacobs hat z.B. ausdrücklich davor gewarnt, den Zweck von Techniken im Sinne der Frustrationsverarbeitung des Therapeuten zu entfremden. Sie schreibt:»Es ist wichtig zu beachten, daß der Therapeut, wenn er mit einer dialogischen Einstellung arbeitet, keinerlei *Ergebnisse* von solchen Experimenten erwarten kann. Vermutlich tritt der häufigste Mißbrauch von Techniken dann auf, wenn Therapeuten sie einsetzen, um sich aus ihrer Lähmung zu befreien. Dann soll die Technik dazu herhalten, daß ›etwas passiert‹ oder daß der Klient sich auf eine bestimmte Art verhält (z.B. seinen Ausdruck verstärkt), damit der *Therapeut* seine Frustration überwindet« (1990, S. 37 f. – Hervorhebungen im Original).

Wenn therapeutische Technik kompetent und unter Beachtung des Primats der Beziehung zur Anwendung kommt, wird sie allerdings zu einem sehr nützlichen und wertvollen Instrument. Dessen Nutzung durch den Therapeuten respektiert dann nicht nur die Würde des Klienten, sondern trägt darüber hinaus auch dazu bei, daß die unterstützende Haltung des Therapeuten eine ihr angemessene Umsetzung in konkretes Handeln erfährt.»... a genuine respect for the dignity of man includes placing the instruments of effective action in his service ... (...) *Humanity needs to be implemented*, not characterized and eulogized merely« (Kelley, 1969,

S. 55[7] – meine Hervorhebung). *Technik ist, so verstanden, kein Instrument, mit dem der Therapeut den Klienten nach seinen Vorstellungen zu verändern versucht, sondern eines, das er seinem Klienten zur Verfügung stellt, damit dieser sich den eigenen Wünschen gemäß ändern kann.*

2.2.2. Bewußtheit und Technik

Mit seinem programmatischen Satz »*Bewußtheit per se ... kann heilsam sein*« (1974, S. 25 – Hervorhebung im Original) hat Fritz Perls deutlich gekennzeichnet, was bis heute als der wesentliche spezielle Heilfaktor in der Gestalttherapie gilt. Für Perls lautete darum die Antwort auf die Frage, welche Technik in der der Gestalttherapie angewendet werde: »Die Technik ist, ein *Bewußtheitskontinuum* herzustellen. Dieses Bewußtheitskontinuum ist erforderlich, damit der Organismus gemäß dem gesunden Gestaltprinzip funktionieren kann: daß die wichtigste unerledigte Situation stets in Erscheinung tritt und erledigt werden kann« (Perls, 1974, S. 59 – Hervorhebung im Original).
Die Überzeugung, daß das *ganzheitliche* Wahrnehmen und Erleben seiner jeweils gegebenen Situation (also Bewußtheit oder Gewahrsein – vgl. Staemmler u. Bock, 1991, S. 57 ff.) eine, wenn nicht *die* Voraussetzung für eine Veränderung im Klienten darstellt, eint die meisten Gestalttherapeuten, so unterschiedliche Positionen sie auch sonst vertreten mögen. Die »paradoxe Theorie der Veränderung«, die besagt, »... *that change occurs when one becomes what he is ...*« (Beisser, in: Fagan u. Shepherd, 1970, S. 77[8] – Hervorhebung im Original), ist die logische Konsequenz dieser Überzeugung.
Sie findet sich auch in der folgenden Definition der Gestalttherapie wieder: »Gestalttherapie ist ein System der Psychotherapie mit einer operationalen phänomenologisch-existentialistischen Metho-

---

[7] »... echter Respekt vor der Würde des Menschen schließt es ein, die Instrumente effektiven Handelns in seinen Dienst zu stellen ... (...) *Menschlichkeit muß in die Praxis umgesetzt*, nicht nur charakterisiert und in schönen Worten beschrieben werden.«
[8] »... *Veränderung tritt auf, wenn man wird, was man ist* ...«

dologie, um die für die organismische Selbstregulation erforderliche Bewußtheit (Awareness) zu vergrößern. (...) ... ihr *einziges Ziel ist Bewußtheit* ..., und ihre Methode begünstigt die Erweiterung der Awareness« (Yontef, 1983, S. 98 f. – Hervorhebung im Original). Auf der Basis eines solchen Begriffs von Gestalttherapie läßt sich feststellen, daß jede gestalttherapeutische Technik dazu dient, die Bewußtheit des Klienten zu fördern: *Techniken sind Instrumente, die Zugänge zur Bewußtheit bahnen.* In den Worten von Naranjo: »Man kann praktisch jede Technik in der Gestalttherapie als eine spezielle Ausformung des breiten Rezepts: ›Sei gewahr‹ sehen. Dieses Rezept ist seinerseits ein Ausdruck der Überzeugung und Erfahrung des Therapeuten, daß wirkliches Leben nur mit Gewahr-Sein möglich ist und daß das Licht des Gewahr-Seins alles ist, was wir brauchen, um aus unserer Verwirrung herauszukommen, um die Dummheit dessen wahrzunehmen, was unsere Konflikte schafft, um die Phantasien zu zerstreuen, die unsere Ängste verursachen« (1978, S. 15).

Das »Licht des Gewahr-Seins« hilft aber nur da weiter, wo es nicht diffus, sondern einigermaßen gebündelt ist. Etwas weniger metaphorisch gesagt: Bewußtheit setzt eine gewisse Fokussierung der Aufmerksamkeit auf ihren jeweiligen Gegenstand voraus. Das bedeutet im Hinblick auf den Zusammenhang von Bewußtheit und therapeutischer Technik, daß eine Technik, die die Bewußtheit des Klienten fördern soll, immer auch die *Konzentration*[9] der Aufmerksamkeit auf einen bestimmten ›Punkt‹ innerhalb oder außerhalb der betreffenden Person unterstützen muß. Gerade die Techniken, die den leeren Stuhl benutzen, induzieren in besonderem Maße eine bestimmte *Orientierung* in der Aufmerksamkeit des Klienten.

Weil gestalttherapeutische Techniken der Förderung von Bewußtheit dienen, erfüllen sie zugleich eine weitere wichtige Funktion: Sie *strukturieren* den aktuellen therapeutischen Raum und helfen, der Menge des jeweils vorhandenen psychischen ›Materials‹ eine gewisse *Ordnung* zu geben, durch die es an *Prägnanz* gewinnen kann. Damit werden wichtige Voraussetzungen für einen produktiven therapeutischen Prozeß geschaffen.

---

[9] Perls nannte seine neue Therapieform zunächst »Konzentrationstherapie« (1978).

2.2.3. Veränderungsprozeß und Technik

Es kann wohl als eine allgemein anerkannte Tatsache gelten, »... daß kein Therapeut Behandlungen durchführen oder beurteilen kann, wenn er nicht über modellhafte Vorstellungen von Therapieverläufen verfügt, die ihm Handlungsanweisungen und Bewertungskriterien liefern« (Thomä u. Kächele, 1985, S. 343). Gerade hinsichtlich der Anwendung therapeutischer Techniken sind derartige »Handlungsanweisungen und Bewertungskriterien« unabdingbar, wenn der Therapeut entscheiden muß, ob und welche Technik er in den therapeutischen Dialog einbringt. Zusätzlich zu der Frage, ob es überhaupt sinnvoll ist, eine bestimmte Technik zu benutzen oder nicht, stellt sich in der Therapie aber immer auch die Frage, *wann* es sinnvoll ist, eine Technik einzuführen. Die Antwort auf diese Frage läßt sich nur anhand der von Thomä und Kächele erwähnten »modellhaften Vorstellungen von Therapieverläufen« finden.

»Insofern sind Prozeßkonzeptionen keine theoretisch-abstrakte Angelegenheit. Sie sind vielmehr in mehr oder weniger elaborierter Form Bestandteil der täglichen Praxis jedes Therapeuten« (a.a.O.). Sie sind erforderlich, weil der Verlauf einer Therapie sich nicht an linearen Zeitvorstellungen orientiert: Es ist z. B. unmöglich, Aussagen darüber zu machen, was der Therapeut in der 27. Sitzung einer Therapie tun oder lassen sollte. Therapeutische Prozeßmodelle müssen sich daher auf bestimmte Phasen oder Stufen im Verlauf von Therapien beziehen, die nach anderen Kriterien zu definieren sind als nach denen von Kalender und Uhr. Ob das ›Timing‹ einer Technik stimmt, läßt sich dann danach beurteilen, in welcher Phase seines Veränderungsprozesses der Klient sich befindet und ob die fragliche Technik den Gegebenheiten eben dieser Phase angemessen ist oder nicht.

Was Cashdan für seine »object relations therapy« formuliert, gilt darum im Prinzip auch für die Gestalttherapie: »... psychotherapy follows an orderly course and can meaningfully be described by means of stage-related interventions. The assumption is that most questions regarding therapeutic technique are more satisfactorily addressed when viewed in the context of specific stages. This does not mean that ... therapy is practiced in lock-step fashion. There is plenty of room for innovation and improvisation. But for a system

of therapy to be effective, it must contain relatively invariant
›principles of practice‹ for a therapist to follow and rely upon«
(1988, S. XIII[10]).

Auf die »Praxisprinzipien« der Gestalttherapie bezogen heißt das:
Unter der Voraussetzung des für die Gestalttherapie charakteristischen Angebots persönlichen Kontakts und einer persönlichen Beziehung durch den Therapeuten (vgl. Staemmler, 1993) sowie durch die Förderung der Bewußtheit des Klienten entwickelt sich der Veränderungsprozeß des Klienten auf spezifische Weise. Er verläuft oft in einer Art, die sich in bestimmte Phasen unterteilen läßt (vgl. Staemmler u. Bock, 1991, S. 107 ff.). Jede dieser Phasen weist für sie typische Merkmale auf, denen die Interventionen des Therapeuten gerecht werden müssen, wenn sie den Fortschritt des Klienten nicht behindern, sondern fördern sollen. Das bedeutet, daß bestimmte Techniken nur während bestimmter Stadien des Veränderungsprozesses sinnvoll zu nutzen sind, wohingegen andere relativ unabhängig von dem Prozeßstadium angewandt werden können, in dem der Klient sich gerade befindet.

Meine Gedanken zur Frage des ›Timing‹ von Techniken müssen an dieser Stelle erst einmal so allgemein bleiben, wie ich sie bisher formuliert habe. Bevor ich im einzelnen und im konkreten auf den Zusammenhang zwischen den jeweiligen Prozeßphasen und bestimmten Techniken eingehen kann, muß ich noch eine Reihe theoretischer Überlegungen und Differenzierungen anstellen. Ich werde an den entsprechenden Stellen im weiteren Text die hier angedeuteten Verbindungen in der notwendigen Konkretheit ziehen, sobald die dafür erforderlichen theoretischen Voraussetzungen gegeben sind.

---

[10] »... Psychotherapie folgt einem geordneten Verlauf und kann in der Form von Phasen-bezogenen Interventionen sinnvoll beschrieben werden. Man geht davon aus, daß die meisten Fragen hinsichtlich der therapeutischen Technik befriedigender beantwortet werden können, wenn man sie im Zusammenhang mit bestimmten Phasen sieht. Das heißt nicht, daß ... Therapie in festgelegten Schritten durchgeführt wird. Es gibt sehr viel Raum für Innovation und Improvisation. Aber wenn ein therapeutisches System effektiv sein will, muß es relativ unveränderliche ›Praxisprinzipien‹ für den Therapeuten enthalten, denen er folgen und auf die er sich verlassen kann.«

3. Die Techniken mit dem leeren Stuhl

3.1. Kurzer historischer Rückblick

Wie jede Therapieform trägt auch die Gestalttherapie Züge, die aus persönlichen Vorlieben und Eigenheiten ihres Begründers hervorgegangen sind. Schon in seiner Gymnasialzeit begeisterte Fritz Perls sich für das Theater. Am Deutschen Theater in Berlin lernte er Max Reinhardt kennen; er nannte ihn später den »... erste(n) kreative(n) Genius, den ich traf« (1981, S. 315). »Der Einfluß von Reinhardt auf Perls muß so tief gewesen sein, und man glaubt ihn noch in seinen späteren Therapie-Sitzungen in Esalen ... zu erkennen« (Peters, 1988, S. 155). Seine eigentliche Form gewann dieser Einfluß allerdings erst durch Impulse, die Perls Ende der 40er Jahre nach seiner Umsiedlung von Südafrika in die USA von Jacob Moreno erhielt (vgl. Bünte-Ludwig, in: Petzold, 1984b). Moreno hatte die Analogie von innerpsychischen Vorgängen mit der Dynamik zwischen Charakteren eines Schauspiels bereits in dem von ihm begründeten Psychodrama theoretisch und praktisch-technisch umgesetzt.

Sowohl Perls als auch Moreno stehen mit der von ihnen gezogenen Parallele zwischen psychischen Vorgängen und den Szenen eines Schauspiels in einer langen kulturellen Tradition, die im Altertum begann und schon am Ende des 18. bzw. Anfang des 19. Jahrhunderts zu gezielten therapeutischen Interventionen führte (vgl. Petzold, 1984b, S. 112 ff.).

Das Aufkommen des Expressionismus am Beginn des 20. Jahrhunderts prägte dann den Zeitgeist, aus dem heraus z. B. Iljine bereits in den Jahren 1908–1910 seine ersten Versuche mit dem therapeutischen Theater begann (vgl. Iljine, in: Petzold, 1972, S. 168) oder Ewreinow sein einflußreiches Buch »Das Theater im Leben« (1930) schrieb. »Seine Theorie geht aus von einem ursprünglichen theatralischen Instinkt, der vor aller Ästhetik liegt und das Leben des Menschen bestimmt, ja die eigentliche Entfaltung der Lebendigkeit bedeutet. Die Freude an der Verkörperung, Selbstdarstellung, Verwandlung, die Freude am Ausdruck, an der Reflexion, die wesentliche Spielfreude in allen Spielarten faßt Ewreinow unter dem Begriff der ursprünglichen Theatralität zusammen. (...) Das Theaterspielen ist nur ein Sonderfall dieser grundsätzlichen Theatralität« (Pörtner, 1960).

Auf die eine oder andere Weise spielt dieser Zusammenhang in psychologischen Theorien unterschiedlicher Provenienz immer wieder eine Rolle. So stellt z. B. Bruner (in Anknüpfung an Wygotski, 1972) fest, »... that the development of thought in the child is dependent upon his entering a dialogue and that, in time and with practice, the dialogue becomes internalized. Not that thought consists solely of internal speech – there is ample evidence to warn us off that view. (...) Rather, it is the dialectical, almost dramaturgic quality of dialogue that provides a model for pursuing our own thoughts in the privacy of our own consciousness« (1979, S. VII f.[1]).

Auch modernere psychoanalytische Theorien über die Bildung des Selbst – ich denke z. B. an Kohuts (1973) »umwandelnde Verinnerlichung« (vgl. auch Cashdan, 1988, S. 44 ff.) oder Freuds Sprache bei der Schilderung der innerpsychischen Konfliktbewältigung vor dem Hintergrund der psychischen Instanzen Es, Ich und Über-Ich – weisen gewisse Analogien zu Mustern des Dialogs im Drama auf.

Moreno war einer der ersten, die die Parallele zwischen Schauspiel und intrapsychischem Drama systematisch für die Psychotherapie nutzten. Er tat dies, indem er eine therapeutische Technik entwarf, die das innere Drama des Klienten zu einem äußeren machte. Moreno, dessen Herz wegen seines sozialpolitischen Engagements primär für die Gruppentherapie schlug, veranlaßte die Mitglieder seiner Therapiegruppen, wichtige Bezugspersonen des jeweils im Vordergrund stehenden »Protagonisten« (Klienten) schauspielerisch darzustellen.

---

[1] »... daß die Entwicklung des Denkens beim Kind von seinem Eintritt in einen Dialog abhängt und daß, mit der Zeit und durch Übung, dieser Dialog internalisiert wird. Nicht daß Denken nur aus internalisierter Sprache bestünde – es gibt reichliche Belege, die uns vor dieser Ansicht warnen. (...) Vielmehr ist es die dialektische, beinahe dramaturgische Qualität des Dialogs, die ein Modell für die Abfolge unserer eigenen Gedanken in der Privatheit unseres eigenen Bewußtseins liefert.«

In manchen Situationen mußte Moreno jedoch feststellen, daß die Darstellung von Bezugspersonen des Protagonisten durch andere Personen für diesen eher verwirrend wirkte oder andere nachteilige Effekte zeigte. Ein Beispiel nennt Lippitt: »... certain psychodramatic episodes, that unfold through the use of auxiliary egos, may be somewhat (if not severely) influenced by the patient's interpretation and reaction to the auxiliary ego's personality cues« (1958, S. 11[2]). Die Konsequenz liegt auf der Hand: »In such cases a *monodrama*[3] is conducted in which the protagonist plays all the roles moving about on the stage speaking now for one and then for the other« (Sacks, in: Kutash u. Wolf, 1990, S. 219[4] – Hervorhebung im Original).
Im Zusammenhang mit diesem monodramatischen Vorgehen führte Moreno »bereits in den frühen fünfziger Jahren« die Benutzung von Stühlen ein, wie sich Grete Leutz (persönliche Mitteilung, 1994) erinnern kann. Er bezeichnete den leeren Stuhl als ein »therapeutisches Vehikel«: »An ›auxiliary or empty chair‹ is usually defined as a chair portraying an absentee. However, the representation may not be a chair, it may be another object. (...) It is, however, significant that a chair ... is imagined to be filled with a concrete person, with whom the protagonist communicates as vividly as if that person were really there. The involvement may be even greater because the actual person is not present to block or counter his spontaneity. In moments of high excitement the protagonist takes the part of the other, sits down on the chair and re-

---

[2] »... bestimmte psychodramatische Episoden, die sich mit dem Einsatz von Hilfs-Ichs entfalten, können zu einem gewissen Grad (wenn nicht beträchtlich) durch die Interpretationen und Reaktionen des Patienten auf Persönlichkeitsmerkmale des Hilfs-Ichs beeinflußt werden.«
[3] Die Begriffe »Psychodrama« und »Monodrama« sind in ihrer ursprünglichen, literaturwissenschaftlichen Bedeutung recht ähnlich. Im »Sachwörterbuch der Literatur« finden sich folgende Einträge: »*Psychodrama*, →Monodrama, das in bewegter Handlung das seelische Ringen e. einzelnen (im Monolog) gestaltet« (Wilpert, 1955, S. 454). – »*Monodrama* (griech. monos = allein), Drama mit nur 1 handelnden und sprechenden Person« (a.a.O., S. 361 – Hervorhebungen im Original).
[4] »In solchen Fällen wird ein Monodrama durchgeführt, in dem der Protagonist alle Rollen selbst spielt, indem er sich auf der Bühne bewegt und zunächst aus der einen Rolle und dann aus der anderen heraus spricht.«

presents the other, speaking back for him« (J. Moreno, 1965, S. 213⁵)⁶.

Jedem, der die gestalttherapeutische Arbeit mit dem leeren Stuhl als Methode zur lebendigen Repräsentation abwesender Bezugspersonen des Klienten kennt, wird beim Lesen dieses Zitats sofort die weitgehende Ähnlichkeit mit Morenos Beschreibung dieser Technik auffallen. Die Urheberschaft für diese Verwendung eines leeren Stuhls (oder mehrerer) ist daher meines Erachtens ohne Zweifel Moreno zuzuschreiben. Die Tatsache, daß diese Technik von Perls virtuos genutzt und später häufig mit ihm und der Gestalttherapie assoziiert wurde, hat den Einfluß des Psychodramas oft in Vergessenheit geraten lassen.

Aber bis in die Begründung hinein hat Perls sie von dort übernommen: »... wenn ich den Patienten *alle* Rollen selbst übernehmen lasse, erhalten wir ein klareres Bild, als wenn wir Morenos Technik des Psychodramas anwenden« (1974, S. 129). Und an anderer Stelle sagt er: »Wir können mit unseren Patienten zusammen Psychodrama spielen, wir können sie aber auch ermuntern, dieses Spiel alleine zu spielen; das Spiel nennen wir ›Monotherapie‹. (...) Die Monotherapie vermeidet also die Einmischung und Vorschriften anderer, die im üblichen Psychodrama gewöhnlich anwesend sind« (1976, S. 105).

Perls nutzte den leeren Stuhl aber nicht nur, um durch ihn in der Phantasie der Klienten abwesende Personen zu ersetzen. Auch eigene Persönlichkeitsanteile des Klienten selbst ließ er durch den Stuhl repräsentieren. Wahrscheinlich geht diese Anwendungsmög-

---

⁵ »Ein ›Hilfs- oder leerer Stuhl‹ wird üblicherweise als ein Stuhl verstanden, der eine abwesende Person darstellt. Allerdings muß die Repräsentation nicht unbedingt ein Stuhl sein, es kann auch ein anderer Gegenstand sein. (...) Es ist in jedem Fall wichtig, daß der Stuhl in der Vorstellung des Protagonisten mit einer konkreten Person besetzt ist, mit der er sich so lebendig auseinandersetzt, als ob diese Person tatsächlich da wäre. Die innere Beteiligung mag sogar größer sein, weil die eigentliche Person nicht anwesend ist und die Spontaneität (des Protagonisten) nicht behindern oder blockieren kann. In Momenten starker Erregung übernimmt der Protagonist die Rolle der anderen Person, setzt sich auf deren Stuhl und repräsentiert die andere Person, indem er für sie spricht.«
⁶ Diese Verwendung des leeren Stuhls werde ich in Abschnitt 3.3.2.2. noch eingehend diskutieren.

lichkeit ebenfalls auf Moreno zurück, der bereits in seinem 1946 erstmals erschienenen Werk »Psychodrama« ähnliche Techniken verwendet (vgl. J. Moreno, 1964, S. 190 u. 207). In einem Text von Zerka Moreno habe ich eine Passage gefunden, die man als weiteren Hinweis darauf verstehen könnte. Sie schreibt: »... the patient must learn to ›become‹ in psychodrama that which he sees, feels, hears, smells, dreams, loves, hates, fears, rejects, is rejected by, is attracted to, is wanted by, wants to avoid, wants to become, fears to become, fears not to become, etc.« (1965, S. 78[7]).

Wie groß bzw. direkt der Einfluß Morenos auf Perls in diesem Punkt auch gewesen sein mag – es ist wohl ohnehin mehr der Kontext, in dem, und die Art und Weise, wie eine Technik angewendet wird, was darüber entscheidet, ob sie nun »psychodramatisch« oder »gestalttherapeutisch« oder sonstwie genannt werden muß (vgl. Melnick, S. 11 f.). Und es kann kaum angezweifelt werden, daß die Verwendung eines leeren Stuhls als technisches Requisit gegen Ende der 60er Jahre durch Perls zu einem, wenn nicht *dem* Symbol für die Gestalttherapie wurde. So kommt Perls und seiner in den letzten Jahren oft und manchmal mit Recht kritisierten Kompromißlosigkeit das Verdienst zu, das Moser mit diesen Worten würdigt: »Perls radikalisiert den von Geburt an dialogisch verlaufenden Aufbau der menschlichen Psyche und läßt psychische Instanzen und nach außen geworfene Projektionen direkt in den Dialog eintreten« (1990, S. 84).

3.2. Grundlegende Differenzierungen

»Der ›eigentliche Gestaltstuhl‹ war ... der *leere Stuhl,* auf den der Patient seine Projektionen oder Übertragungsfiguren setzte. Und dieser leere Stuhl füllte sich durch die Gestalt und durch die Worte des Klienten, der mit der Stimme seiner Peiniger und

---

[7] »... der Patient muß lernen, im Psychodrama das zu ›werden‹, was er sieht, fühlt, hört, riecht, träumt, liebt, haßt, befürchtet, ablehnt, wovon er sich abgelehnt, angezogen oder gewollt fühlt, was er vermeiden oder werden möchte, was er zu werden oder nicht zu werden befürchtet etc.«

manchmal auch seiner Freunde oder mit seiner eigenen Stimme als Kind sprach. (...) Der leere Stuhl lud einverleibte, unverdaute Stimmen der Vergangenheit zum Sprechen ein, aber auch die eigenen Unsicherheiten des Patienten« (Cohn, in: Ronall u. Feder, 1983, S. 10 – Hervorhebung im Original).
Perls machte sich, wie schon gesagt, den leeren Stuhl auf *vielfältige* Art zunutze. Aus diesem Grund habe ich schon in der Einleitung von der Existenz *mehrerer* gestalttherapeutischer Techniken gesprochen, die den leeren Stuhl als Requisit benutzen. Ich habe dabei bereits eine Differenzierung unterstellt, die in der bisherigen Literatur kaum oder nur sehr undeutlich anzutreffen ist. Aus vielen Texten ist vielmehr zu entnehmen, daß die jeweiligen Autoren meinen, es handele sich beim Gebrauch des leeren Stuhls um nur *eine* Technik. Zu dieser Ansicht kann man kommen, wenn man das benötigte Requisit, den Stuhl, oder dessen Benutzung als ab und zu vom Klienten in Anspruch genommene Sitzgelegenheit zum Ordnungskriterium macht. Derart äußerliche Kriterien halte ich jedoch nicht für sinnvoll, da es in der therapeutischen Arbeit mit Menschen ja im wesentlichen um deren Verhalten, Erleben und Denken geht. An diesen psychologischen Dimensionen sollte sich darum meines Erachtens auch das Verständnis einzelner therapeutischer Techniken orientieren.
Um eine erste, grundlegende Differenzierung hinsichtlich der Techniken vornehmen zu können, die die Verwendung eines leeren Stuhls einbeziehen, greife ich auf den psychoanalytischen Terminus der »Repräsentanz« zurück. In der gestalttherapeutischen Terminologie existiert kein entsprechender Begriff, weswegen mir die Entlehnung aus der Psychoanalyse gerechtfertigt erscheint (vgl. auch Staemmler, 1993, S. 105 ff.). Eine Repräsentanz ist das innerpsychische, kognitiv-emotionale Abbild, das ein Mensch sich von sich selbst bzw. von anderen Menschen aufgrund seiner Erfahrungen macht.
Eine Repräsentanz umfaßt »... gleichzeitige Wahrnehmungsreize aus der Außenwelt und aus der eigenen Person, sei es aus dem Körperinnern oder dem psychischen Bereich, die den eigenen körperlichen und psychischen Zustand vor, während und nach der Interaktion mit jenen Personen ... registriert haben. Es gibt also gespeicherte Objektbilder bzw. eine Reihe von Objektbildern *(Ob-*

jektrepräsentanzen), die durch Erinnerungsspuren miteinander verbunden sind, und eine Sequenz von Zustandsbildern der eigenen Person *(Selbstrepräsentanzen)* vom selben Zeitabschnitt einer bestimmten Situation, und beide, Objekt- und Selbstrepräsentanzen, sind ebenfalls durch Erinnerungsspuren miteinander verbunden (Drews u. Brecht, 1975, S. 219 f. – Hervorhebungen im Original)[8].

Es gibt in der psychoanalytischen Entwicklungspsychologie verschiedene, einander zum Teil widersprechende Ansichten darüber, wie Repräsentanzen entstehen, in welchem Maße und in welcher Form die Fähigkeit, sie zu bilden, angeboren ist, und auch darüber, inwieweit Säuglinge bereits fähig sind, Repräsentanzen von sich selbst gegenüber Repräsentanzen von anderen Personen, z. B. ihren Müttern, zu unterscheiden (vgl. z. B. Mahler et al., 1980, und Stern, 1992). Einigkeit herrscht allerdings in der Überzeugung, daß eine erfolgreiche Realitätsbewältigung durch Erwachsene die Fähigkeit voraussetzt, Repräsentanzen von sich selbst und Repräsentanzen von anderen Menschen ohne größere Schwierigkeiten differenzieren zu können.

Die stabile Repräsentanz eines Menschen von sich selbst ermöglicht ihm, ein Gefühl von seiner Identität zu behalten, auch wenn die Ereignisse seines Lebens und die Menschen, denen er begegnet, wechseln. So unterschiedlich er sich auch in verschiedenen Situationen erleben mag – das Gefühl, daß *er* es ist, der diese Situationen erlebt, bleibt konstant, sofern keine einschneidende Störung vorliegt. Ähnliches gilt für die Repräsentanzen, die ein Mensch von seinen Eltern, Freunden, Partnern oder anderen Personen bildet: Diese Leute mögen jedes Mal anders gekleidet sein, wenn er sie trifft, andere Gedanken oder Gefühle äußern und sich mit ihm auf andere Aktivitäten einlassen. Dennoch wird er sie, wenn er in seiner Fähigkeit zur Bildung und Aufrechterhaltung von Repräsentanzen nicht gravierend eingeschränkt ist, jedesmal wiedererkennen und wissen, mit wem er es zu tun hat.

---

[8] Ich habe schon an anderer Stelle (1993, S. 108 f.) begründet, warum ich statt von »Selbstrepräsentanzen« lieber von »Repräsentanzen von sich selbst« und statt von »Objektrepräsentanzen« lieber von »Repräsentanzen von anderen Menschen« spreche. Ich werde das auch im folgenden Text so handhaben.

In den vorangegangenen Absätzen habe ich jene psychologischen Gegebenheiten geschildert, die man bei Menschen antreffen kann, deren Fähigkeit zur Bildung, Aufrechterhaltung und Differenzierung von Repräsentanzen *nicht* eingeschränkt ist. Das ist leider keine Selbstverständlichkeit. Viele Menschen haben gerade damit mehr oder weniger große Probleme. Eines der Probleme kann darin liegen, daß eine Person nur unzulänglich oder – unter bestimmten Bedingungen – gar nicht unterscheiden kann, welche Repräsentanzen sich auf sie selbst und welche sich auf andere Leute beziehen. Die Grenzen zwischen beiden Arten von Repräsentanzen, manchmal auch die zwischen den Repräsentanzen verschiedener anderer Menschen, verschwimmen. Ein relativ alltägliches und oft harmloses Beispiel sind Projektionen: Jemand schreibt einem anderen zu, was er in sich selbst nicht erleben will. Man könnte auch sagen, er verschiebt eine Repräsentanz von sich in eine Repräsentanz einer anderen Person.

Ein weiteres, recht häufig zu beobachtendes Phänomen ist unter dem Begriff »Übertragung« bekannt: Jemand sieht in seinem gegenwärtigen Gegenüber nicht diesen realen Menschen, sondern eine Neuauflage von Personen aus seiner Vergangenheit. Er verschiebt z. B. seine Repräsentanz von seiner Mutter in die Repräsentanz von seiner Freundin und verhält sich dann zu ihr wie früher zur Mutter.

Diese recht gewöhnlichen Beispiele mögen genügen, um plausibel zu machen, warum es mir sinnvoll erscheint, in der therapeutischen Arbeit klar zwischen den Repräsentanzen zu unterscheiden, die der Klient von sich selbst hat, und jenen, die er von anderen Personen hat. Schwerwiegendere Beispiele finden sich in der vielfältigen Literatur über tiefgreifende psychische Störungen, z. B. unter dem Stichwort »Wahn«. Man muß sich aber nur das Beispiel einfacher Projektionen oder Übertragungen vergegenwärtigen, um den psychohygienischen und therapeutischen Wert einer deutlichen Trennung beider Arten von Repräsentanzen zu erkennen.

Ich halte es daher für wichtig, auch im Umgang mit gestalttherapeutischer Technik diese Trennung eindeutig zu vollziehen. Ohne eine klare Unterscheidung beider Gruppen von Repräsentanzen entsteht die Gefahr, daß sie vom Therapeuten in seiner Handhabung der Technik implizit vermischt werden oder daß den Verschiebungen der oben beschriebenen Art, die der Klient eventuell vornimmt, durch eine unscharfe Anwendung der Technik vom Therapeuten Vorschub geleistet wird. Die negativen Konsequenzen solcher Verwechslungen müssen zwar nicht immer gleich dramatisch sein, können es unter bestimmten Umständen aber durchaus werden und für den Klienten schädliche Folgen haben; ich werde darauf später noch eingehen.

Wenden wir uns nun einer Beschreibung der sogenannten »Dialogspiele« von Perls und Levitsky zu, die – unter historischem Blickwinkel – als typisches und wahrscheinlich maßgebendes Beispiel für das Verständnis der Techniken mit dem leeren Stuhl gelten kann: »In seinem Bemühen um mehr Integration geht der Gestalttherapeut allen Spaltungen[9] oder Teilungen nach, die sich in der Persönlichkeit zeigen. (...) Eine der wichtigsten postulierten Teilungen ist die zwischen dem sogenannten Topdog und dem Underdog. (...) Wenn sich diese Spaltung zeigt, wird der Patient aufgefordert, *diese beiden Teile seiner selbst* einen unmittelbaren Dialog miteinander führen zu lassen. Das gleiche Dialogspiel kann natürlich für jede wichtige Spaltung innerhalb der Persönlichkeit durchgeführt werden (aggressiv und passiv, der ›gute Junge‹ und der ›Schweinehund‹, maskulin und feminin). Bisweilen kann das Dialogspiel sogar mit verschiedenen Körperteilen durchgeführt werden, wie mit der rechten und der linken Hand oder der oberen und der unteren Körperhälfte« (in: Perls, 1980, S. 198 f. – meine Hervorhebung).

Ich möchte ausdrücklich darauf hinweisen, daß hier zunächst von zwei Erlebens- bzw. Verhaltensweisen des Klienten die Rede ist, die personifiziert und in ein Gespräch miteinander gebracht werden. Unter Zuhilfenahme des Repräsentanzen-Begriffs könnte man auch formulieren: Die »Spaltung« oder »Teilung« hat zu zwei unterschiedlichen oder widersprüchlichen Repräsentanzen – nennen wir sie allgemein »A« und »B« – des Klienten von sich selbst geführt, die mittels des »Dialogspiels« nunmehr szenisch dargestellt und aufeinander bezogen werden. Das folgende Diagramm stellt diese Situation schematisch dar:

---

[9] Die Autoren verwenden den Begriff »Spaltung« hier *nicht* in dem systematischen Sinne, wie ich ihn in Abschnitt 3.3.1.2. diskutieren werde.

Diagramm 1[10]

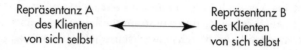

Repräsentanz A
des Klienten
von sich selbst

Repräsentanz B
des Klienten
von sich selbst

Zurück zum Text von Perls und Levitsky, der so weitergeht: »Der Dialog kann sich auch *zwischen dem Patienten und einer für ihn wichtigen Person* entwickeln. Der Patient spricht diese Person einfach an, als wäre sie anwesend, phantasiert die Antwort, entgegnet auf die Antwort usw.« (a.a.O. – meine Hervorhebung). In diesem zweiten Teil des Zitats geht es nun um eine ganz andere Situation, wie die Hervorhebung wiederum zeigen soll. Der Klient wendet sich an eine abwesende, *andere* Person und führt mit dieser ein ›Gespräch‹, in dem er abwechselnd die eigene und die Position der anderen Person einnimmt. Er inszeniert damit einerseits eine Repräsentanz seiner selbst und andererseits eine Repräsentanz einer anderen Person. Das läßt sich schematisch so darstellen:

Diagramm 2

Repräsentanz des Klienten von Person X

Repräsentanz des Klienten von sich selbst

Man kann also feststellen: Unter dem Begriff »Dialogspiel« werden von Perls und Levitsky zwei verschiedene ›Gespräche‹ ohne Hinweis auf die Unterschiedlichkeit der jeweils aktivierten Repräsentanzen zusammengefaßt. Ich halte das wegen der erwähnten psychohygienischen Bedeutung, die der Fähigkeit zur Differen-

---

[10] Die Pfeile in diesem und den folgenden Diagrammen symbolisieren die Sprechrichtung(en).

zierung von Repräsentanzen für Menschen zukommt, für eine ungünstige Zusammenfassung und meine, man sollte hier besser von *zwei verschiedenen Techniken* sprechen. Die erste der beiden Techniken wurde von Perls und Levitsky unter Bezug auf »Spaltungen oder Teilungen« beschrieben, die in der Persönlichkeit eines Klienten oder, anders ausgedrückt, in seinen Repräsentanzen von sich selbst zu beobachten sind. Die Autoren sagen: »Wenn sich diese Spaltung zeigt, wird der Patient aufgefordert, diese beiden Teile seiner selbst einen unmittelbaren Dialog miteinander führen zu lassen« (a.a.O., S. 199). Diese erste Technik, die den leeren Stuhl benutzt, besteht somit in einer Strukturierung der therapeutischen Situation in der Form, daß der Klient eingeladen wird, unterschiedliche Seiten der *eigenen* Persönlichkeit in einen Austausch treten zu lassen. Zum Zwecke der szenischen Verdeutlichung wird der Klient gebeten, sich mit der ersten der beiden Seiten zu identifizieren und die zweite Seite möglichst so plastisch zu visualisieren, als säße sie wie sein zweites Ich auf einem vor ihm befindlichen leeren Stuhl. Nachdem er sich aus der Perspektive der ersten an die visualisierte zweite Seite von sich gewandt und zu ihr gesprochen hat, wird er angeregt, die Perspektive zu wechseln, sich auf den bislang leeren Stuhl zu setzen und nunmehr von dort aus zu antworten.
Auf diese Weise kann sich ein Gespräch entwickeln, in dessen Verlauf der Klient, innerlich zwischen beiden Repräsentanzen von sich und parallel dazu äußerlich zwischen beiden Sitzgelegenheiten wechselnd, den in ihm bestehenden Widerspruch oder Konflikt zunehmend deutlich erfährt und eventuell auch Veränderungs- oder Lösungsmöglichkeiten entdeckt. Er führt unter den Augen des Therapeuten und mit dessen Assistenz ein lautes *Selbstgespräch*.
Das Wort »Selbstgespräch« sollte denn auch nach meiner Meinung zur Benennung der hier diskutierten Technik herangezogen werden. Den Begriff von Perls und Levitsky, »*Dialog*spiel«[11], halte ich für ähnlich mißverständlich wie den von mir selbst früher (1986) verwendeten Terminus »Dialog-Technik«. Der Begriff des Dia-

---

[11] Der Wortteil »-spiel« ist vermutlich ein Hinweis auf die Herkunft dieser Technik aus dem Psychodrama, wo die Klienten dazu angehalten werden, Rollen zu spielen.

logs verweist eher auf ein Gespräch zwischen zwei Menschen. Es geht hier aber um ein Gespräch eines Menschen mit sich selbst. Ich plädiere daher dafür, diese Technik *Selbstgespräch-Technik* zu nennen. Diese Bezeichnung wird außerdem der Herkunft dieser Technik aus dem Psychodrama eher gerecht, deren Vorläuferin J. Moreno als »Technique of Soliloquy« (Technik des Selbstgesprächs – vgl. 1964, S. 190 ff.) bezeichnete (vgl. auch Z. Moreno, 1959, S. 5 f.).

Ein solches Selbstgespräch findet sich in den Schriften von Perls nicht nur in vielen Transkripten, sondern auch in seiner Autobiographie. Dort legte er eine innere Auseinandersetzung zwischen seinem »Topdog« und seinem »Underdog« offen, die, wie jeder Gestalttherapeut weiß, in diesem Fall zugunsten des »Underdog« ausging:

»Topdog: (...) Mann, wer zum Teufel soll ein klares Bild von deiner Therapie bekommen?

Underdog: Du meinst, ich sollte eine Tafel nehmen, Tabellen zeichnen und jeden Begriff, jeden Gegensatz fein säuberlich kategorisieren?

Topdog: Das ist keine schlechte Idee. Das könntest du tun.

Underdog: Nein, das werde ich nicht tun« (1981, S. 126).

Ich will mich nun dem anderen Fall zuwenden, den Perls und Levitsky, wie schon erwähnt, so charakterisieren: »Der Dialog kann sich auch zwischen dem Patienten und einer für ihn wichtigen Person entwickeln« (in: Perls, 1980, S. 199). Auch wenn diese Formulierung nicht darauf hinweist, ist die hier einfließende Voraussetzung unter Gestalttherapeuten klar: Die erwähnte wichtige Person ist in der Therapiesitzung, in der diese Technik angewendet wird, *nicht tatsächlich anwesend.* Der Klient wird vom Therapeuten aufgefordert, sie sich *vorzustellen, als ob* sie anwesend sei. Szenisch wird dieser Vorschlag damit unterstrichen, daß der Klient angeregt wird, den vor ihm befindlichen leeren Stuhl *in seiner Phantasie* mit der wichtigen Person zu besetzen. Das heißt, der Klient soll seine *Repräsentanz* dieser anderen Person auf dem leeren Stuhl visualisieren.

Da der Adressat nicht in Realität, sondern nur in der Phantasie des Klienten anwesend ist, geht es dabei natürlich nicht darum, welche eventuelle Wirkung das Gesagte auf den Adressaten hat. Die Technik dient dazu, die Bewußtheit des Klienten für seine *eigenen*

Empfindungen zu unterstützen, die er erlebt, während er die phantasierte Person anspricht. Der unterstützende Effekt beruht auf der Tatsache, daß Menschen sich in ihrem gegenwärtigen Erleben oft deutlicher wahrnehmen, wenn sie in Kontakt mit der relevanten Person treten und nicht nur *über* sie reden. Interessanterweise gilt das, wenn auch manchmal in geringerem Ausmaß, auch für den Fall, daß der Kontakt nur phantasiert wird.

Darum kann mit der Technik ein wegen Abwesenheit der betreffenden Person nicht möglicher realer Kontakt durch die auf den leeren Stuhl projizierte Repräsentanz des Klienten von dieser Person behelfsmäßig ersetzt werden. Die lebendige *Vorstellung* von der anderen Person und das direkte Sprechen zu dieser Repräsentanz läßt seine Situation für den Klienten, wenn die Technik ihre Wirkung entfaltet, unmittelbarer spürbar werden als ein reines Reden über sie. Wäre ein realer Kontakt möglich, würde vermutlich ein noch unmittelbareres Erleben stimuliert. Da dieser sich aber für den Klienten meist nicht realisieren läßt[12], zum Beispiel weil die andere Person bereits tot ist, kann das *phantasierte Gespräch* mit ihr, als Ersatz für den realen Kontakt[13], ein nützliches Hilfsmittel sein. Ich halte für diesen Fall die Bezeichnung *Phantasiegespräch-Technik* für angemessen.

Das Gespräch, das der Klient nun führt, kann je nach Handhabung durch den Therapeuten einem von zwei Mustern folgen. Erstens besteht die Möglichkeit, den Klienten durchgängig dazu anzuhalten, *zu* der abwesenden Person zu sprechen und ihr zu sagen, was er ihr zu sagen hat. Dann handelt es sich um eine Art *Monolog* des Klienten, mit dem er sich – ähnlich wie beim Schreiben eines Briefes – an den abwesenden Adressaten wendet, ohne daß dieser währenddessen Stellung dazu nimmt. Man könnte hier von der *monologischen Form der Phantasiegespräch-Technik* sprechen.

Der folgende Ausschnitt aus einem Transkript von Perls ist ein Beispiel dafür:

»(Marykay ist eine junge Frau um die Zwanzig, blond und attraktiv. Sie sitzt auf dem Stuhl neben Dr. Perls, auf dem heißen

---

[12] Selbst in Fällen, in denen es prinzipiell möglich wäre, wichtige Bezugspersonen in die Therapiesitzung mitzubringen, ist das durchaus nicht immer sinnvoll.

[13] Daran anknüpfend habe ich hier früher (1986) den Begriff »Kontakt-Technik« benutzt.

Stuhl. Ihr gegenüber steht ein leerer Stuhl.)
(...)
Fritz: So, nun setz die Mama auf diesen Stuhl hier: ›Mama, ich bin sauer auf dich.‹
Marykay: ›O Mama, ich bin wirklich sauer auf dich.‹ (Sie lächelt.)
Fritz: Also, achtest du auf dein Gesicht? Hast du bemerkt, daß du gelächelt hast?
Marykay: Ich hab's nicht bemerkt, aber ich ... ich denke, es stimmt.
Fritz: Ja. Also, die Äußerung von Abneigung und das Lächeln passen nicht zusammen. (Sie lächelt wieder.) Du machst wieder so ein Gesicht. Merkst du's? Spürst du dein Gesicht?
Marykay: Ja, ja, ja. (Pause. Sie wird ernst.) Mutter, ich bin einfach sauer auf dich. Warum kannst du mich nicht einfach in Ruhe lassen?
Fritz: Sag das noch einmal.
Marykay: Warum kannst du mich nicht einfach in Ruhe lassen? Verstehst du, warum kannst du mich nicht einfach ich sein lassen?
Fritz: Mach dein Anliegen deutlicher. Sprich im Imperativ.
Marykay: Mutter, laß mich einfach ich sein. Verstehst du. (...) Laß mich doch ich sein, Mutter. (Sie schlägt mit der Hand auf.)
Fritz: Mach das noch einmal. Mach das mit deiner Mutter.
Marykay: Ach, ich kann sie doch nicht schlagen.
Fritz: Du kannst deine Mutter nicht schlagen? Erzähl ihr das.
Marykay: Nun ja, ich kann dich nicht schlagen, Mutter. Ich kann dich nicht schlagen, aber ... weißt du, manchmal würde ich dir wirklich gerne eine runterhauen« (Perls u. Baumgardner, 1990, S. 253 f.).

Nach diesem Beispiel für das erste Muster, die monologische Form, komme ich nun zu dem zweiten. Es unterscheidet sich von dem ersten insofern, als der Klient hier vom Therapeuten dazu angeregt wird, ab und zu die Position zu wechseln und sich – innerlich und räumlich – in die andere Person hineinzuversetzen bzw. ihren Part in dem Gespräch zu übernehmen. Anders als bei der monologischen Form dieser Technik behält der Klient also nicht seine eigene Perspektive bei, sondern wechselt diese. Er nimmt von Zeit zu Zeit die Position der anderen Person ein, die abwe-

send ist und die er sich vorstellt. So kommt ein Gespräch zwischen dem Klienten einerseits und der von ihm zeitweise schauspielerisch dargestellten Repräsentanz der Bezugsperson andererseits zustande. Ich schlage vor, dies als die *dialogische Form der Phantasiegespräch-Technik* zu bezeichnen.
In der Fortsetzung des oben schon zitierten Transkripts wechselt Perls von der monologischen zur dialogischen Form:
»Fritz: Jetzt spiel deine Mutter.
Marykay: (Sie wechselt, setzt sich auf den anderen Stuhl, spielt ihre Mutter.)
Marykay, ich verstehe dich einfach nicht. Du weißt doch, daß ich dich liebe. Ich liebe dich so sehr, Marykay. Aber wir sind nicht gleich, und ich werde dich einfach nie verstehen. (...) (Sie tauscht wieder die Plätze. Als Marykay:) Ich weiß, daß wir nicht gleich sind, Mutter, und genau darum geht es. Wieso kannst du nicht du sein und ich ich: Auf die Weise sind wir nicht gleich. Ich will nicht wie du sein. Ich will nicht wie du sein, du bist all das, was ich nicht will. (Sie schimpft:) Also, warum gibst du mir das Gefühl, ich müßte wie du sein? (...)
Fritz: Hörst du deine Stimme? Daß du jetzt mehr Mumm kriegst. Das war jetzt weniger Gejammer. Mach weiter. Mach weiter.
Marykay: (Als Mutter.) Ich lasse dich doch du sein. Ich will, daß du du bist. (...) Weißt du, ich habe dich einfach lieb, aber wir verstehen uns nicht. Du hast alle diese verrückten Freunde. (Sie weint ein wenig.) (...) Du hast diese schlechte Laune – ich verstehe dich einfach nicht. Ich war so eine schreckliche Mutter. Ich habe bei allen Kindern versagt« (a.a.O., S. 254 f.).
Hinsichtlich des Wechsels von Perspektiven und Stühlen, aber *nur* in dieser Hinsicht, gleicht dieses Vorgehen dem, das im Rahmen der Selbstgespräch-Technik angewandt wird. Der fundamentale Unterschied zur Selbstgespräch-Technik besteht darin, daß die zweite Perspektive hier nicht eine zweite Repräsentanz der eigenen Person, sondern eine Repräsentanz einer *anderen* Person (hier: der Mutter) darstellt[14]. Die Klientin versetzt sich zeitweilig in die Perspektive der Bezugsperson, wie sie *ihrem* Bild von ihr entspricht. Wer da spricht, ist *nicht* diese Person; sie ist nach wie

---

[14] Dementsprechend fordert Perls seine Klientin auf: »Jetzt *spiel* deine Mutter.« Er sagt *nicht:* »*Sei* deine Mutter.«!

vor abwesend. Es spricht die von der Klientin inszenierte Repräsentanz dieser Person, die die Klientin von ihr gebildet hat. Was immer die Klientin aus dieser Perspektive sagt, sagt *sie* und nicht die Bezugsperson. Aus ihrem Mund spricht, wie *sie* diese Person erlebt hat und wie *sie* sich an sie erinnert, nicht, wie diese Person ›objektiv‹ oder in ihrem eigenen Erleben ist. Wenn man sich, wie als Gestalttherapeut gewohnt, an das Offensichtliche hält, kann es hierüber keinen Zweifel geben: Man wird nie die Mutter, sondern immer nur die Klientin sehen – mal auf dem einen, mal auf dem anderen Stuhl.

Das bisher Gesagte läßt sich zusammenfassen in der Feststellung: Es gibt zwei grundlegend verschiedene gestalttherapeutische Techniken, die sich eines leeren Stuhls bedienen. Ich bezeichne sie als
(1) Selbstgespräch-Technik und
(2) Phantasiegespräch-Technik.
Die zweite dieser beiden Techniken läßt sich auf zwei unterschiedliche Arten anwenden:
(a) in monologischer Form und
(b) in dialogischer Form.

Es ist nun klar, daß Diagramm 2 (vgl. S. 38) die dialogische Form der Phantasiegespräch-Technik darstellt, da der Pfeil in *beide* Richtungen weist. Die monologische Form wäre dementsprechend so darzustellen, daß der Pfeil nur in *eine* Richtung zeigt:

Diagramm 3

Repräsentanz des Klienten von Person X

Repräsentanz des Klienten von sich selbst

Damit sind die basalen Differenzierungen beschrieben. Im folgenden will ich nun nachgeordnete Differenzierungen dieser Techniken vornehmen, verschiedene Anwendungsmöglichkeiten erläutern sowie auf bestimmte Kombinationen und auch Kontraindikationen eingehen.

3.3. Die einzelnen Techniken

3.3.1. Die Selbstgespräch-Technik

3.3.1.1. Die Bearbeitung von Konflikten:
»Unfruchtbares« und »fruchtbares« Selbstgespräch

»Die Arbeit des Therapeuten besteht ... darin, die Integration und Versöhnung der miteinander in Widerstreit liegenden Teile der Persönlichkeit zu erleichtern. Unser Vorgehen bedarf des Dialogs, insofern es darum geht, zwei Seinsweisen des Patienten miteinander in Kontakt zu bringen. Sie sind in dem Moment isoliert und führen jede für sich ihren einsamen Kampf um die Kontrolle über die Persönlichkeit« (Perls u. Baumgardner, 1990, S. 89).
Die beiden Seinsweisen, von denen hier die Rede ist, können auf sehr verschiedene Weise in Erscheinung treten. »The varieties of polarities or splits or conflicts that can be adapted to empty chair work are endless. They may appear in a person's body posture, in discrepancies between his words and non-verbal messages, or be reflected in his descriptions of himself. Splits are often hidden in a self-dissatisfaction or criticism, in boredom and frustration« (Fagan, in: Hatcher u. Himelstein, 1976, S. 647[15]). Oft bringt der Klient schon ein zumindest partielles Bewußtsein von ihnen mit, manchmal werden sie ihm aber erst durch entsprechende Rückmeldungen des Therapeuten bewußt.
Die Konflikte und Widersprüche, die zum Gegenstand der therapeutischen Arbeit werden, unterscheiden sich allerdings nicht nur hinsichtlich ihres Inhalts und der Art, wie sie in Erscheinung tre-

---

[15] »Die Vielfalt der Polaritäten, Spaltungen oder Konflikte, die sich mit Hilfe des leeren Stuhls bearbeiten lassen, ist endlos. Sie können sich in der Körperhaltung der Person ausdrücken, in Diskrepanzen zwischen ihren Worten und nonverbalen Botschaften oder in ihren Beschreibungen von sich. Spaltungen sind oft in Unzufriedenheit und Selbstkritik, in Langeweile und Frustration verborgen.«

ten, sondern auch hinsichtlich ihres grundsätzlichen Charakters. Man kann zwei Konfliktformen beobachten, die den meisten Gestalttherapeuten aus ihrer Erfahrung mit der Anwendung der Selbstgespräch-Technik bekannt sein dürften, auch wenn sie bisher nicht begrifflich differenziert wurden. Diese beiden Konfliktformen will ich nun beschreiben, benennen und auf ihre jeweiligen Implikationen für die Handhabung der Selbstgespräch-Technik hin untersuchen.

Vergegenwärtigen wir uns daher zunächst die beiden groben Eindrücke, die während der Arbeit mit einem Klienten an einem internen Konflikt entstehen können: Entweder man hat das Gefühl, einem Selbstgespräch des Klienten zuzuhören, in dessen Verlauf eine wirkliche Entwicklung, z.B. das Austragen eines Konfliktes, stattfindet. Solche Selbstgespräche ereignen sich in der Regel zwischen zwei Seiten im Klienten, von denen die eine Ausdruck seiner Tendenz ist, sich zu verändern und sich etwas Neues zu erarbeiten; in ihr kommt ein zentrales, bisher unbefriedigtes Bedürfnis des Klienten zum Tragen. Die andere Seite eines derartigen Konflikts steht für die entgegengesetzte Tendenz in ihm, die einer möglichen Veränderung entgegenarbeitet und sie bislang verhindert. Wir haben diese subjektive Situation des Klienten als »Polarisation« beschrieben (Staemmler u. Bock, 1991, S. 111 ff.).

Oder man hat als Therapeut den Eindruck, Zeuge eines Selbstgesprächs zu sein, das sich ewig im Kreise dreht oder zumindest drehen könnte, wenn nicht irgend etwas geschieht, das die endlose Schleife durchbricht. Bei genauer Betrachtung läßt sich dann feststellen, daß jede der beiden Seiten, die der Klient in seinem Selbstgespräch zu Wort kommen läßt, ihm keine sinnvolle Perspektive für eine Veränderung zu bieten haben. *Beide* Seiten sind in diesem Fall *falsche Alternativen.* Sie stehen zwar im Widerspruch zueinander, bekämpfen sich vielleicht sogar heftig. Aber im Grunde ist keiner Seite der Sieg in diesem Kampf zu wünschen, denn der Klient bliebe in jedem Fall unzufrieden zurück. Diese Situation ist ein Beispiel für die von uns sogenannte »Stagnation« des Klienten (vgl. a.a.O., S. 107 ff.).

Selbstgespräche dieser zweiten Art sind auch daran zu erkennen, daß der Klient in ihnen zwei Rollen einnimmt, die zwar komplementär sind, aber eben *Rollen* darstellen, mit deren Hilfe er letztlich nicht zu dem kommen kann, was er braucht. Das Selbstgespräch zwischen solchen Alternativen wirkt häufig wie eine sinnlose Selbstquälerei des Klienten, darum spreche ich hier von einem *unfruchtbaren Selbstgespräch*. Der Klient lernt dabei seine verschiedenen Rollen vielleicht deutlicher kennen, was natürlich einen gewissen Wert für ihn hat. Er läßt die Rollen jedoch nicht hinter sich zurück, es sei denn, er entdeckt, daß sie ihn nicht weiterbringen, und kommt durch diese Entdeckung einen Schritt weiter.

Das ›klassische‹ Beispiel für ein unfruchtbares Selbstgespräch ist die von Fritz Perls mit seinen Klienten so gerne bearbeitete Kontroverse zwischen dem von ihm so genannten »Topdog« und seinem unsterblichen Gegenspieler, dem »Underdog«. »Der Topdog ist rechtschaffen und autoritär; er weiß alles besser. (…) Der Topdog ist ein Tyrann und arbeitet mit ›Du sollst‹ und ›Du sollst nicht‹. Der Topdog manipuliert durch Forderungen und Androhung von Katastrophen … Der Underdog manipuliert, indem er sich ständig verteidigt und rechtfertigt, sich anbiedert und Heulsuse spielt. (…) Und der Underdog geht etwa so vor: ›Mañana‹. ›Ich tu mein Bestes‹. ›Schau her, ich versuch's immer wieder. Ich kann nichts dafür, wenn es nicht geht‹. (…) So kämpfen also der Topdog und der Underdog um die Herrschaft« (Perls, 1974, S. 26 f.).

Diagramm 4

Unfruchtbares Selbstgespräch
(falsche Alternativen)

Repräsentanz A
des Klienten
von sich selbst
(z. B. »*Underdog*«)

Repräsentanz B
des Klienten
von sich selbst
(z. B. »*Topdog*«)

Ich bezeichne die Auseinandersetzung zwischen Topdog und Underdog bewußt als ein *Beispiel* für unfruchtbare Selbstgespräche, denn es gibt selbstverständlich auch andere falsche Alternativen, zwischen denen ein Mensch sich aufreiben kann. An anderer Stelle (Staemmler, 1994b, S. 29) habe ich ausführlicher von einem 72jährigen Mann berichtet, dessen Frau einige Monate, bevor ich

ihn sah, gestorben war. Er hatte bislang keine angemessene Form zu trauern gefunden. Die einzigen – unfruchtbaren – Alternativen, die ihm zur Verfügung standen, bestanden entweder darin, die Zähne zusammenzubeißen und durchzuhalten, oder aber darin, »seiner Frau dahin zu folgen, wo sie jetzt ist«, womit er meinte, Selbstmord zu begehen. Im Verlauf der Therapie entdeckte er, wie beengt und schwer er sich fühlte, gleich welche der *beiden* Alternativen er sich vergegenwärtigte.

Obwohl es also auch Fälle von falschen Alternativen gibt, die nicht als Topdog und Underdog zu klassifizieren sind, stellen die zuletzt genannten – trotz ihrer amüsanten Namen – die beiden Seiten eines sehr verbreiteten und bisweilen auch verheerenden Selbstgesprächs dar, das manchmal sogar zu Selbstmordversuchen führen kann (vgl. Paul, 1970). Sie verdienen daher durchaus die besondere Aufmerksamkeit, die Perls ihnen schenkte.

Unter den in Perls' Büchern veröffentlichten Transkripten finden sich viele Beispiele für die Arbeit eines Klienten an dem Konflikt zwischen Topdog und Underdog. Eines der anschaulichsten Transkripte ist das von Perls' Arbeit mit John (1974, S. 212 ff.), das ich hier aus Platzgründen nur in Ausschnitten wiedergeben kann; ich empfehle aber die vollständige Lektüre.

John wechselt lange Zeit hin und her zwischen der einen Seite von sich, auf der er sich als Nichts, nicht existent, klein und als »ein Haufen Scheiße« fühlt, und der anderen Seite, auf der er sich wie Gott und, einem Formulierungsvorschlag von Perls folgend, als »aufgeblasenes Arschloch« erlebt. Es versteht sich fast von selbst, daß »Gott« in diesem Selbstgespräch auf das »Nichts« nur verächtlich hinabsieht und daß sich das »Nichts« in seiner Erbärmlichkeit gegenüber »Gott«, den es auch als »Mind-fucker« beschimpft, nicht gerade wie Hans im Glück vorkommt.

Nachdem die Arbeit schon eine ganze Weile (im deutschen Transkript über sieben Seiten) in Anspruch genommen hat, ohne daß eine Veränderung in der Qualität des Selbstgesprächs von John (»J«) stattgefunden hätte, schlägt Fritz Perls (»F«) seinem Klienten einen neuen Anlauf vor. Wie der folgende Textausschnitt zeigt, passiert dabei doch noch etwas Neues:

»F: Gut, spielen wir das ganze Stück noch mal durch, den Underdog und den Topdog. Machen wir ein neues Treffen. Vielleicht können Sie etwas entdecken.

J: (ruhig) Der Underdog und der Topdog – ich habe immer das Gefühl, als ob ich der Underdog wäre, ich *bin* der Underdog. Ich bleibe immer *ruhig*, ich *sage* nichts. Ich *äußere* mich nicht. Ich lehne mich *ruhig* zurück und höre dem Mind-fucker zu. (…) Es scheint so, als ob ich *wirklich* da sein könnte, aber ich bin nicht wirklich da, ich *sage* nichts, ich *existiere* nicht, ich bin *nichts*, und ich *will* existieren. (…) Aber du läßt mich nicht: Du redest immer, du … – ich sag nie was …
F: Gut, sei jetzt noch einmal der Topdog. Was bist du? Er sagte dir gerade, daß du ein Mind-fucker bist. (…)
J: Ah. Er sagte mir gerade, daß ich ein Klugscheißer bin. Ja. Ah… (weint) Aber ich bin kein Klugscheißer. Ich will nicht so aufgeblasen sein, ich will nicht so viel besser sein als jeder andre. Ich will einfach das Gefühl haben, *daß ich zu den Leuten hier gehöre*. Ich will einfach das Gefühl haben, *einer von ihnen zu sein*« (a.a.O., S. 219 f. – die ersten Hervorhebungen im Original, die letzten beiden von mir).

An den von *mir* hervorgehobenen Stellen formuliert der Klient etwas, das jenseits des zuvor geführten Selbstgesprächs zwischen Topdog (»Gott«) und Underdog (»Nichts«) liegt. Damit beginnt er, sein unfruchtbares Selbstgespräch hinter sich zu lassen und in ein neues Selbstgespräch einzutreten. Dabei geht es dann nicht mehr um eine Kontroverse zwischen falschen Alternativen. Vielmehr kann deutlich werden, inwiefern *beide* falschen Alternativen zur Unzufriedenheit des Klienten beitragen und darum *Vermeidungs*charakter haben: Wenn er »zu den Leuten hier gehören« und »einer von ihnen sein« will, muß er sich auf eine Ebene mit ihnen begeben, nach der er im weiteren Verlauf der Arbeit anfängt zu suchen. Sowohl mit der überheblichen Haltung des Topdog als auch mit der unterwürfigen des Underdog schließt er sich von einem gleichberechtigten, partnerschaftlichen Kontakt mit anderen Menschen aus. Auf einen solchen Kontakt richtet sich sein von ihm formuliertes *Bedürfnis*.

Sobald der Klient aus seinem unfruchtbaren Selbstgespräch ausgestiegen ist, kann er rückblickend zu sich sagen:

»Was tust du denn dann, hah? *Muß* es denn ein dauerndes Hin-und-her sein? Ist das das Leben? Ist es bloß ein Hin-und-her, ein *Dialog* zwischen zwei Teilen deines Selbst? Kannst du nicht irgendwo dazwischen sein? Kannst du dich nicht als

wirklich empfinden? Mußt du immer zweigeteilt sein? Zwei Teile sein, dich entweder wie ein Nichts oder wie ein aufgeblasener Arsch fühlen?« (a.a.O., S. 221 – Hervorhebungen im Original).
Der Klient erkennt, daß nicht nur seine wechselnden Identifikationen mit Topdog und Underdog, sondern darüber hinaus diese Form des Selbstgesprächs insgesamt letztlich für ihn unfruchtbar bleiben. »Topdog and Underdog are, in effect, ›tied‹ to one another ...– parts of a single *dysfunctional system* ...« (Friedman, 1989, S. 277[16] – Hervorhebung von mir). John entdeckt, in welche Richtung er sich entwickeln will: »Ich *will* eine Mitte haben. Ich möchte mich hier irgendwo hinsetzen – *das* würde ich gern tun –, aber ich will auf gleicher Höhe sein ...« (Perls, 1974, S. 221 – Hervorhebungen im Original).
Nach der Entdeckung dieses Bedürfnisses ist die Alternative für den Klienten nicht mehr, entweder »Gott« oder »Nichts« zu sein. Nun steht er vor der neuen Alternative, entweder eine »Mitte« zu haben, sich auf gleiche Ebene mit den anderen Menschen zu begeben und dadurch zu ihnen zu gehören, oder aber sich in einem Hin und Her zwischen Topdog und Underdog zu verstricken und andere Menschen von oben bzw. von unten zu betrachten. Das Selbstgespräch zwischen Topdog und Underdog hat sich in diesem Fall insgesamt als *Vermeidung* entlarvt. Damit hat der Klient sich erarbeitet, was man als *echte Alternativen* bezeichnen könnte. Er ist in ein Selbstgespräch eingetreten, das ich *fruchtbar* nenne, weil in ihm eine wirklich neue Perspektive enthalten ist, deren Realisierung für den Klienten eine qualitative Veränderung bedeuten würde.
Der Klient befindet sich nunmehr in jener subjektiven Situation, die ich am Anfang dieses Abschnitts kurz beschrieben und »Polarisation« genannt habe. Sie ist schematisch in Diagramm 5 dargestellt. Ich möchte ausdrücklich darauf aufmerksam machen, daß die Repräsentanzen A und B aus dem vorangegangenen Diagramm 4 (die *beiden* falschen Alternativen) durch den inzwischen stattgefundenen therapeutischen Prozeß nunmehr zu Bestandteilen der Repräsentanz B in Diagramm 5 geworden sind.

---

[16] »Topdog und Underdog sind ihrem Wesen nach aneinander gebunden ... – sie sind Teile eines einzigen disfunktionalen Systems ...«

Diagramm 5

Fruchtbares Selbstgespräch
(echte Alternativen)

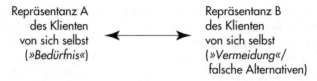

Die Unterscheidung zwischen fruchtbaren und unfruchtbaren Selbstgesprächen soll keineswegs einer Bewertung Vorschub leisten, derzufolge ein unfruchtbares Selbstgespräch therapeutisch etwa weniger hilfreich wäre als ein fruchtbares. Eine solche Bewertung würde auf theoretischer Ebene eine falsche Alternative konstruieren. Wie das Beispiel von John zeigt, ist ein unfruchtbares Selbstgespräch häufig die notwendige und daher auch wünschenswerte Voraussetzung für die Entstehung eines fruchtbaren Selbstgesprächs. Die gestalttherapeutische Orientierung am Prozeß des Klienten und der Respekt vor seiner Person erfordern die Bereitschaft des Therapeuten, auf ihn einzugehen, wie er gerade ist.

Damit der Therapeut aber auch dann angemessen auf seinen Klienten eingehen kann, wenn dieser dabei ist, sein unfruchtbares Selbstgespräch aufzugeben und ein fruchtbares zu beginnen[17], ist es nach meiner Erfahrung nützlich, zwischen beiden Formen des Selbstgesprächs zu unterscheiden. Die Selbstgespräch-Technik läßt sich zwar auf beide Situationen anwenden, aber die Situationen sind andersartig. An der Schnittstelle zwischen beiden Situationen, deren Erreichen einen Fortschritt für den Klienten bedeutet, ist der Therapeut gefordert, auch hinsichtlich seiner Handhabung der Selbstgespräch-Technik diesem Fortschritt gerecht zu werden.

Wenn wir uns für einen Moment noch mal das Beispiel von Perls' Arbeit mit John vergegenwärtigen, können wir uns plastisch vor-

---

[17] Der Übergang eines unfruchtbaren in ein fruchtbares Selbstgespräch entspricht dem Übergang von der ersten Phase des Veränderungsprozesses, der Stagnation, in die zweite Phase, die Polarisation (vgl. Staemmler u. Bock, 1991, S. 126 ff.).

stellen, wie die Anwendung der Selbstgespräch-Technik unter Benutzung eines leeren Stuhls im Zusammenhang mit einem unfruchtbaren Selbstgespräch aussieht: Der Klient wechselt von einem Stuhl, von dem aus er seinen Topdog sprechen läßt, auf den anderen Stuhl, von dem aus dann der Underdog antwortet. Jeder der beiden Stühle wird auf diese Weise mit einer der beiden Seiten des unfruchtbaren Selbstgesprächs szenisch verknüpft. Anders gesagt, der Topdog wird mit dem einen Stuhl ›geankert‹, der Underdog mit dem anderen.

Zu dem Zeitpunkt im Verlauf der Arbeit, zu dem der Klient nun allmählich über sein unfruchtbares Selbstgespräch hinauswächst und ein fruchtbares beginnt, wird die szenische Verknüpfung der Stühle mit den falschen Alternativen, so nützlich sie bis dahin war, zum Hemmnis. Denn die szenische Bedeutung bezog sich bislang auf ein Prozeßstadium, das der Klient jetzt gerade hinter sich läßt. Darum muß nun auch die bisherige szenische Verknüpfung der Stühle mit den falschen Alternativen aufgelöst werden, z. B. durch eine explizite Umdefinition, eine veränderte Anordnung im Raum, die Verwendung anderer Stühle etc. Unterläßt der Therapeut diese nun erforderliche Neustrukturierung der Situation, entsteht die Gefahr, daß die alte szenische Verknüpfung suggestiv weiterwirkt und den Klienten auf etwas festlegt, das er inzwischen hinter sich lassen möchte und kann.

Will der Therapeut diese Gefahr vermeiden, muß er den veränderten Gegebenheiten Rechnung tragen, damit der vom Klienten erarbeitete Fortschritt eine adäquate Unterstützung findet. Die Form, in der der Therapeut das tut, ist natürlich abhängig von seinem persönlichen Stil und bleibt ihm überlassen. Sie ist außerdem abhängig davon, welche Ebene der Repräsentation von dem stattfindenden Geschehen der Klient am besten versteht. So mag es manchmal am passendsten sein, *verbal* zu intervenieren und zum Klienten sinngemäß zu sagen:»Ich habe den Eindruck, du bist inzwischen in einer *neuen* Situation. Es geht nicht mehr um den Konflikt zwischen ›Gott‹ und ›Nichts‹, sondern darum, ob du anderen Menschen auf *gleicher* Ebene begegnest und dich ihnen zugehörig fühlst oder ob du dich *isolierst*, indem du dich entweder zu einem ›Gott‹ oder zu einem ›Nichts‹ machst.« Manchmal ist es auch hilfreich, eine solche verbale Klärung mit einer szenischen zu verbinden, z. B. dadurch, daß man, wenn man mit der Selbstgespräch-Technik weiterarbeiten will, neue Stühle verwendet oder die alten Stühle an neuen Stellen im Raum plaziert. (In unserem Beispiel tut der Klient von sich aus etwas Ähnliches; er steht von dem zuvor benutzten Stuhl auf und sucht sich einen neuen Platz in der Gruppe – »auf *gleicher* Höhe«.) Unabhängig von dem bevorzugten Stilmittel ist es wichtig, dem Klienten zu vermitteln, man hat seine Veränderung gesehen und reagiert darauf durch eine entsprechende Neudefinition der Situation.

Welche der beiden Arten von Selbstgespräch der Klient auch führt, sei es ein unfruchtbares oder ein fruchtbares – der vom Therapeuten geförderte Wechsel von einem Stuhl auf den anderen dient dazu, die Bewußtheit des Klienten von seiner jeweiligen Situation zu fördern. Der *äußere* Wechsel der Sitzgelegenheiten ist daher dann hilfreich, wenn er den *inneren* Wechsel im Klienten von der einen zur anderen Seite seiner selbst verdeutlicht. Der Therapeut, der in diesem Sinne mit der Selbstgespräch-Technik arbeitet, orientiert sich am internen Prozeß des Klienten, wie er sich ihm erstens durch die Mitteilungen darstellt, die der Klient ihm darüber macht, und wie er ihn zweitens aufgrund seiner Wahrnehmung von außen mitverfolgen kann.

Es kann also nicht darum gehen, dem Klienten Regieanweisungen aus dem ›Off‹ zu geben, denen er nachzukommen hätte. Ein solches Vorgehen wäre als vom Therapeuten zu verantwortende Störung in seinem Kontakt mit dem Klienten zu verstehen. From kritisiert: »Seit der ... Erfindung solcher Techniken wie der ›leere Stuhl‹ ... ist denjenigen, die diese Technik ständig benutzen, offenbar nicht klar, daß sie so handeln, als ob sie wiederum *hinter* dem Patienten säßen. Der Therapeut wird wieder eine Stimme wie die des Psychoanalytikers, nunmehr freilich, um bei einem Drama Regie zu führen« (1987, S. 8 – Hervorhebung im Original).

Miriam Polster hat in einem Interview mit ausgesprochen treffenden Worten formuliert, daß es statt dessen auf eine der jeweiligen Situation angemessene, flexible Schwingung des Therapeuten zwischen zwei gegensätzlichen Verhaltensmöglichkeiten ankommt: »At one extreme end ... there would be our *insistence* on being present: In those cases we might be working with someone who would like to erase us ... There's our refusal to be erased at one end, and at the other end, there is our willingness to merge, into being almost undistinguishable from the total environment. It could be that there is such an important figure of experience going on for the individual that we allow ourselves to become part of the background for that figural experience, that figural moment. So, we range all the way from an *insistence* on being there, to a willingness to merge« (in: Hycner, 1987, S. 44[18] – Hervorhebungen im Original).

Aus dem Blickwinkel einer solchen wünschenswerten Bandbreite im Verhalten des Therapeuten halte ich technische Empfehlungen wie die von Marcus in ihrer Allgemeinheit für problematisch: »Wenn ich die Technik des leeren Stuhls verwende, verhindere ich lange Ausführungen, indem ich darum bitte, häufig die Plätze zu tauschen. Es ist wichtig, im Dialog den Schwung zu erhalten; eine Möglichkeit, den Dialog lebendig zu erhalten, besteht darin, jede Seite auf je einen einzigen Satz zu beschränken« (1979, S. 30).

Ich weiß nicht, ob Marcus es so meint, aber man könnte diesen Sätzen entnehmen, Schnelligkeit sei dasselbe wie Lebendigkeit oder die Lebendigkeit des Klienten sei durch äußere Aktion herbeizuführen. Natürlich ist es wichtig, auch bei der Anwendung der Selbstgespräch-Technik darauf zu achten, daß sie nicht zur trockenen Deklamation von Rationalisierungen verkommt. Die Lebendigkeit, die es zu unterstützen gilt, ist die bereits vorhandene, wenn auch vielleicht erst einmal unentfaltete oder undeutliche Lebendigkeit im Klienten. Sie zeigt sich in dem sich wiederholenden Wechsel, bei dem die eine Seite zur Figur wird und in den Vordergrund tritt, während die andere zum Hintergrund wird, um dann selbst wieder in den Hintergrund zu treten und die andere zum Vordergrund werden zu lassen.

Diesem Wechsel im Klienten, seinem Prozeß gilt es, mit der Technik zu *folgen* und ihm eine prägnante Form zu geben. Die Prä-

---

[18] »An dem einen Ende der Skala ... wäre das *Insistieren* auf unserer Anwesenheit anzuordnen: In solchen Fällen arbeiten wir vielleicht gerade mit jemandem, der uns gerne ausschalten möchte ... Unsere Weigerung, uns ausschalten zu lassen, ist also das eine Extrem, und das andere ist unsere Bereitschaft zu verschmelzen, uns von der gesamten Umgebung kaum noch abzuheben. Es kommt vor, daß für den Klienten die Erfahrung einer so wichtigen Figur entsteht, daß wir uns erlauben, zu einem Teil des Hintergrunds für dieses Erleben zu werden. Unser Verhalten umfaßt also die ganze Spanne vom *Insistieren* auf unserer Gegenwart bis zur Bereitschaft zu verschmelzen.«

gnanz der jeweiligen Figur ist es, die zum Wechsel von Vordergrund und Hintergrund führt; *sie* gilt es zu fördern. Ein künstliches Herstellen von ›Lebendigkeit‹ durch Animation zu Schnelligkeit oder anderem aktionistischen Verhalten hat vielleicht einen höheren Unterhaltungswert für die Beteiligten und ihre eventuellen Zuschauer; es ignoriert aber das Tempo und den internen Prozeß des Klienten und hindert ihn eher daran, seinem eigenen Rhythmus zu folgen. Wird die Selbstgespräch-Technik jedoch Klienten- und Prozeß-orientiert angewandt, eignet sie sich hervorragend zur Förderung von Bewußtheit und Lebendigkeit des Klienten.

Greenberg hat dies verdeutlicht, indem er fünf Funktionen dieser Technik herausgearbeitet hat. Er nennt »... (1) separation and the creation of contact, (2) the responsibility of the client, (3) the attending function, (4) the heightening function, and (5) the expressive function« (in: Rice u. Greenberg, 1984, S. 71). Ich möchte kurz erläutern, was mit diesen fünf Punkten gemeint ist.

(1) »separation and the creation of contact« –
Trennung und Herstellung eines Bezugs[19]

Die Selbstgespräch-Technik folgt hier einem Prinzip, das in der einen oder anderen Form von allen therapeutischen Methoden praktiziert wird. Es ist das (Ordnungs-)Prinzip, Vermischtes zu entmischen. Die beiden widersprüchlichen Seiten im Klienten müssen zunächst einmal jede für sich deutlich und in ihrer eigenen Bedeutung prägnant werden. Solange sie undeutlich oder in Form irgendwelcher Kompromißbildungen oder anderer beschwichtigender Arrangements vermischt bleiben, kann weder ihre jeweils eigene Berechtigung noch ihre Widersprüchlichkeit wirklich verständlich werden. Erst wenn jede der beiden Seiten für sich klar ist, wird es auch möglich, beide in bezug zueinander zu setzen und miteinander zu konfrontieren, so daß der bestehende Konflikt als solcher deutlich und der weiteren Bearbeitung zugänglich wird (vgl. a.a.O., S. 71 f.).

---

[19] Entgegen einer in der Gestalttherapie manchmal üblichen Diktion halte ich es für ungünstig, in einer Situation von »Kontakt« zu sprechen, in der es um den Bezug eines Menschen zu sich selbst geht (vgl. Staemmler, 1993, S. 56).

(2) »the responsibility of the client« –
Verantwortlichkeit des Klienten
Mit der Selbstgespräch-Technik wird der Klient dazu veranlaßt, jede der beiden Seiten in sich eindeutig zu beziehen und sich mit ihr zu identifizieren. Jede Seite – auch jene, die ihm vielleicht eher unangenehm oder fremd ist – wird auf diese Weise für ihn leichter als Aspekt seiner selbst erfahrbar (vgl. Greenberg, a.a.O., S. 72). Dem möchte ich noch etwas hinzufügen: Die Tatsache, daß die Technik den Klienten veranlaßt, vorübergehend möglichst prägnant in den Vordergrund seiner Aufmerksamkeit zu rücken, was er sonst nur als Teil von sich erlebt, und alles andere für eine gewisse Zeit projektiv zu externalisieren und zum Hintergrund werden zu lassen, unterstützt den Klienten dabei, diesen Aspekt seiner Person uneingeschränkt und bewußt zu erfahren.

(3) »the attending function« –
Förderung der Aufmerksamkeit (Bewußtheit)
Die separate Identifikation mit jeder der beiden konfligierenden Seiten im Klienten (vgl. Punkt 1) erlaubt es dem Therapeuten, die Aufmerksamkeit des Klienten gezielter und konkreter auf einzelne Aspekte seines während des Selbstgesprächs stattfindenden Erlebens zu lenken; ich denke hier beispielsweise an Körperhaltungen, Gesten, Stimmlagen etc. So können zuvor undeutliche, möglicherweise wichtige Elemente der einen oder der anderen Seite für den Klienten in den Vordergrund kommen und erfahrbar werden (vgl. a.a.O.).

(4) »the heightening function« –
Intensivierung der Erfahrung (Bewußtheit)
Dieser vierte Punkt hängt aus meiner Sicht eng mit dem dritten zusammen. Ich halte sie beide für Aspekte der Förderung von Bewußtheit; darum habe ich auch beide in der Überschrift mit dem Stichwort »Bewußtheit« versehen: Die Konzentration der Aufmerksamkeit auf einen bestimmten Aspekt seiner Erfahrung ist die notwendige Voraussetzung dafür, daß der Klient – eventuell unterstützt durch andere Techniken wie z. B. die Aufforderung zur Verdeutlichung einer Bewegung oder zur Wiederholung einer Aussage – seine jeweilige Situation zunehmend ganzheitlicher, also auch mit dem angemessenen Erregungsniveau, erlebt (vgl. a.a.O.).

(5) »the expressive function« – Förderung des Ausdrucks
Mit diesem Punkt meint Greenberg die in der Anwendung der Selbstgespräch-Technik enthaltene Anregung für den Klienten, über die widersprüchlichen Seiten in sich nicht nur zu reden, sondern sie vielmehr zu inszenieren und ihnen so jeweils *unmittelbar* Ausdruck zu verleihen (vgl. a.a.O.).

Nach meiner Erfahrung ist es nützlich für den Klienten, wenn der Therapeut sich bei der Arbeit mit dieser Technik die erwähnten fünf Punkte immer wieder vergegenwärtigt und darauf achtet, ob sie in der Art, wie der Klient von der Technik Gebrauch macht, realisiert werden.

Zu den Punkten, die mir bei der Arbeit mit der Selbstgespräch-Technik beachtenswert erscheinen, gehört noch ein weiterer, der nach meiner Erfahrung aus vielen Supervisionen zu wenig berücksichtigt wird (vgl. Bock u. Staemmler, 1994). Er fällt mir immer dann (unangenehm) auf, wenn wiederholt von »Teilen« des Klienten die Rede ist. Da gibt es dann den einen »Teil«, z. B. den »Bauch«, der veranlaßt wird, zu dem anderen »Teil«, z. B. dem »Kopf«[20] zu sprechen. Ich empfinde diesen Sprachgebrauch als zu statisch. Das Reden von »Teilen« vergegenständlicht und trennt unnötig stark. Es leistet damit einer Fragmentierung des Klienten in Subpersönlichkeiten oder verschiedene Instanzen, die eigentlich überwunden werden soll, ungewollt Vorschub. Sie suggeriert auch dem Therapeuten, er habe es mit festen ›Strukturen‹ zu tun und nicht mit dynamischen Prozessen, Funktionen oder Erlebensweisen. Ich weiß, wie schwierig es ist, sich von unerwünschten Gegebenheiten unserer Sprache, die uns immer wieder in solche Denkfiguren einfängt, zu befreien; und das gelingt sicher nie vollständig. Die Alternative, zu der ich in diesem Buch greife, wenn ich von »Seiten« oder »Aspekten« einer Person schreibe, ist natürlich nur wenig besser als der Begriff der »Teile«. Unterschiedliche Seiten und Aspekte einer Person sind aber in meinem Sprachverständnis wenigstens immer Seiten und Aspekte *einer* Person, die in sich zusammenhängt. »Teile« dagegen lassen mich eher an Trennungen, an Unverbundenes denken.

---

[20] Bei dem sehr undifferenziert als Widerspruch zwischen »Kopf« und »Bauch« benannten Konflikt wird übrigens oft übersehen, daß es sich dabei meistens um eine falsche Alternative handelt.

In der therapeutischen Praxis läßt sich aber das Dilemma glücklicherweise oft besser lösen als in einem theoretischen Text wie diesem: Substantivische Sprache kann dort ohne großen Aufwand vermieden und sollte möglichst durch *prädikative* Sprache ersetzt werden. Man muß z. B. nicht abstrakt von dem »Teil« des Klienten sprechen, der streng, autoritär und anspruchsvoll »ist«; man kann den Namen des Klienten verwenden und z. B. von dem Hans reden, der sich streng und autoritär gibt und hohe Ansprüche stellt. Ihm gegenüber, auf dem leeren Stuhl, kann dann der Hans zu Wort kommen, der sich erfolglos und schwach fühlt und mit einiger Schläue alles Mögliche tut, um sich den Anforderungen zu entziehen. Dynamik und Handlungscharakter seines Verhaltens und Erlebens können für den Klienten so viel deutlicher werden und mit ihnen auch die Möglichkeit, sich anders als bisher zu verhalten. Das alles und die davor erwähnten Punkte von Greenberg gelten für die Selbstgespräch-Technik natürlich sowohl im Zusammenhang mit einem unfruchtbaren wie auch mit einem fruchtbaren Selbstgespräch.

Ich möchte die Handhabung dieser Technik am Schluß dieses Abschnitts nun noch einmal an einem Beispiel veranschaulichen. Da in dem Beispiel von Perls' Arbeit mit John erst gegen Ende ein fruchtbares Selbstgespräch entstand, möchte ich nun noch ein von mir schon früher veröffentlichtes Transkript[21] einfügen, das bereits mit dem Übergang der Klientin von einem unfruchtbaren zu einen fruchtbaren Selbstgespräch beginnt.

Die Klientin beschäftigt sich mit ihrer subjektiven Situation bei ihrer alltäglichen Arbeit als Beraterin.

> Klientin: Ich spür' auf der einen Seite den Druck, ich sollte was tun ... Und ich spür' auf der anderen Seite, ich steh' mir dabei total im Weg. Also, da ist ein Teil in mir, der sagt: »Ja, o. k., probier' was aus, Du kannst nur lernen dabei.« Auf der anderen Seite sag' ich mir: »Du kannst es eh' nicht.« Ich habe den Anspruch, wirklich gut sein zu müssen ... Ich darf dabei nicht aufgeregt sein, weil, wenn ich aufgeregt bin, dann ... ja, dann kann sich der andere mir nicht anvertrauen und da tappe ich

---

[21] Vgl. Staemmler, 1988, S. 8ff. Die im Original enthaltenen, kursiv gesetzten Kommentare habe ich der hier gegebenen Fragestellung entsprechend gekürzt und geändert.

total in die Falle rein, die ich mir gestellt habe. (beginnt zu weinen.) ... (beruhigt sich wieder etwas.) Mir ist vorhin richtig klargeworden ... puuh! ... Ich sag' mir (sie wird sehr leise): »Komm', laß es doch bleiben!« Und dann fühl' ich mich ... (atmet lang aus, unterdrückt aufkommendes Weinen) Ich fühl' mich dann so klein ... (in entschlossenerem Ton:) Das hätt' ich gerne weg.

Das Thema, mit dem die Klientin sich beschäftigen will, ist inhaltlich schon recht klar: Sie hat das Bedürfnis, sich in ihrer Arbeit neuen Situationen zu stellen, »etwas auszuprobieren«. Gleichzeitig entmutigt sie sich, indem sie sich sagt, sie solle es doch bleiben lassen, und die Aufregung, die mit dem Ausprobieren in ihr aufkäme, sei in ihrer Wirkung auf andere Menschen negativ. In der Folge fühlt sie sich klein, wird einerseits zum »Underdog«, dem dann andererseits der »Topdog« mit Ansprüchen Druck macht. Der Therapeut geht auf die Auseinandersetzung zwischen Topdog und Underdog nicht mehr ein, da sich bereits ein fruchtbares Selbstgespräch herausbildet, innerhalb dessen für die Klientin ihre Vermeidung im Vordergrund zu stehen scheint. Darauf reagiert der Therapeut nun:

Therapeut: Du hast gerade angefangen, laut zu Dir selbst zu reden mit dem Satz »Komm', laß es doch bleiben!« Mir ist aufgefallen, daß Du dabei sehr gedämpft gesprochen hast. Hast Du das mitgekriegt?

Klientin: Ja ... (kämpft mit dem Weinen)

Therapeut: (gedämpft, ihre Stimme imitierend) »Komm', laß es bleiben.« – Kannst Du dieser Seite in Dir noch mal eine Stimme geben? Laß sie noch mal sprechen.

Klientin: Puuh! ... (läßt den Kopf hängen, umschlingt mit den Armen ihre Knie und weint, dann leise:) Komm', laß das doch bleiben ... (atmet tief ein, putzt sich die Nase)

Therapeut: Hörst Du Deinen Tonfall?

Klientin: (nickt) Da ist so was ... so was Abwertendes drin.

Therapeut: Für mich hört es sich fast so an wie: »Hat ja doch keinen Sinn!«

Klientin: Ja. (schluchzt, bleibt in der zusammengekauerten Haltung)

Therapeut: Jetzt passiert was mit Deinem Mund.

Klientin: (sie wirkt gefaßter)

Therapeut: Spür' mal in Deinen Mund.
Klientin: (atmet, atmet tiefer, schluckt, atmet wieder, schluchzt kurz auf, schaut zur Decke)
Therapeut: Jetzt kommt ein Ton.
Dieser Ton hört sich für den Therapeuten freier – »expansiv« – an. Er vermutet darum, daß nunmehr das Bedürfnis der Klientin und damit die andere Seite in ihr wieder in den Vordergrund kommt.
Klientin: (atmet tief aus)
Therapeut: Was wird Dir bewußt, während Du das machst?
Klientin: (nickt mit dem Kopf, atmet wieder tief aus) Also, ich spür', ich hab' wieder mehr Kraft. (schaut zum Therapeuten, richtet sich auf, atmet tief) Es fällt mir jetzt auch leichter, aufrecht zu sitzen, das fällt mir sonst manchmal unheimlich schwer.
Therapeut: Was antwortest Du aus dieser aufrechten Haltung heraus der Seite in Dir, die zu Dir sagt: »Laß es doch bleiben!«?
Klientin: (schaut den Therapeuten an, atmet tief, lacht kurz) Die ist viel weiter weg.
Therapeut: Gut. Sprich zu ihr.
Klientin: So kannst Du mir eigentlich nicht mehr viel anhaben. (wieder zum Therapeuten) Die ist viel weiter weg ... (schluckt) Nein, das stimmt einfach nicht (beginnt wieder zu weinen, schaut zu Boden) ...
Mit dem »Nein, das stimmt einfach nicht.« kommt die Vermeidung in der Klientin mit dem entsprechenden – »kontraktiven« – Gefühl wieder in den Vordergrund, das sich in erneutem Weinen zeigt.
Therapeut: Jetzt kommen dir wieder Tränen ...
Klientin: (weint, greift zum Taschentuch, benutzt es aber nicht, in demselben Moment verändert sich ihr Atem)
Therapeut: Geh' mal mit dem Rhythmus in Deinem Atem ...
Klientin: (atmet mit schluchzendem Ton aus)
Therapeut: ... und spür', was in Deinem Körper passiert.
Klientin: Da zieht sich alles zusammen. (beugt sich nach vorn mit dem Gesicht in Richtung Boden, stöhnt und weint)
Therapeut: (einfühlsam) Laß das Gefühl in Dir ruhig deutlich werden.
Klientin: (weint tiefer, wird dann ruhiger)

Das Erleben der Vermeidung – des »kontraktiven Pols« – hat für die Klientin seinen Höhepunkt erreicht. Der Therapeut vermutet, daß sie das fruchtbare Selbstgespräch beendet und den Übergang in die nächste Phase ihres Veränderungsprozesses – die »Diffusion« – vollzogen hat.

Am Ende dieses Abschnitts möchte ich noch auf die unter 2.2.3. angeschnittene Frage der phasenspezifischen Indikation dieser Technik eingehen. Ich denke, es ist bereits deutlich geworden, daß die Anwendung der Selbstgespräch-Technik im Sinne eines *unfruchtbaren* Selbstgesprächs nur im Kontext der von uns als *Stagnation* bezeichneten Phase des Veränderungsprozesses indiziert ist. Ich habe außerdem schon auf den Übergang von der Stagnation zur Polarisation hingewiesen, der es erforderlich macht, die Situation szenisch entsprechend neu zu gestalten: Die Technik muß im Verlauf der *Polarisation* im Sinne eines *fruchtbaren* Selbstgesprächs verwendet werden.

Unabhängig davon, ob die Selbstgespräch-Technik in der Art eines unfruchtbaren oder eines fruchtbaren Selbstgesprächs benutzt wird, bleibt doch eine wichtige Gemeinsamkeit bestehen, ohne die man gar nicht von *einer* Technik sprechen könnte. Diese Gemeinsamkeit liegt in der Tatsache, daß in beiden Fällen eine bestimmte Voraussetzung gegeben ist: Der Klient erlebt einen *Konflikt* (oder wenigstens eine Polarität), er fühlt sich hin- und hergerissen zwischen zwei Seiten seiner Person.[22] Diese Tatsache macht es möglich, die Selbstgespräch-Technik sowohl im Kontext der Stagnation als auch der Polarisation zu benutzen. In späteren Prozeßstadien, in denen der Klient keinen Konflikt (mehr) erlebt, also in der Diffusion, der Kontraktion und der Expansion, ist die Anwendung der Selbstgespräch-Technik daher nicht sinnvoll.

3.3.1.2. Die Bearbeitung von Spaltungen

Obwohl ich am Ende des vorangegangenen Abschnitts eindeutig festgestellt habe, daß die sinnvolle Nutzung der Selbstgespräch-

---

[22] Um Mißverständnissen vorzubeugen, sei hier noch einmal angemerkt, daß es sich um qualitativ verschiedene Konflikte handeln kann. Der Konflikt eines *unfruchtbaren* Selbstgesprächs ist der zwischen *falschen* Alternativen, der Konflikt eines *fruchtbaren* Selbstgesprächs ist der zwischen *echten* Alternativen.

Technik einen vom Klienten erlebten *Konflikt* (oder eine Polarität) voraussetzt, möchte ich im weiteren zeigen, wie diese Technik auch bei der Bearbeitung von *Spaltungen* hilfreich sein kann. Dieses Vorhaben mag auf den ersten Blick widersprüchlich erscheinen, da Spaltungen in mancher Hinsicht geradezu das Gegenteil von Konflikten darstellen, wie die folgende Definition von Perls et al. zeigt: »Im Falle einer ... Spaltung bleibt eine Seite außerhalb des Gewahrseins oder wird kalt registriert, aber von der Anteilnahme ausgeschlossen; oder beide Seiten werden sorgfältig voneinander isoliert und so eingeordnet, daß sie füreinander bedeutungslos erscheinen. Dadurch wird ein Konflikt vermieden und der Status quo aufrechterhalten« (1979, S. 23).

Es gibt dennoch genügend wesentliche Gemeinsamkeiten zwischen Konflikten und Spaltungen, die die Verwendung der Selbstgespräch-Technik in beiden Fällen möglich machen; dies wird auf den folgenden Seiten verständlich werden. Allerdings wird bei der Bearbeitung von Spaltungen eine *Modifikation* dieser Technik erforderlich, die ich eingehend darstellen werde, nachdem ich das Phänomen der Spaltung beschrieben habe.

Wenn ich eine der Techniken mit dem leeren Stuhl für die Bearbeitung von Spaltungen für geeignet halte, widerspreche ich eindeutig einer Position, die in Diskussionen über die Therapie von Menschen mit sogenannten »frühen Störungen« gelegentlich vertreten wird. Diese Position behauptet, man könne in der Therapie mit Menschen, die unter schweren psychischen Störungen, z. B. sogenannten »Psychosen«, »narzißtischen Störungen« oder »Borderline-Syndromen«, leiden, die Techniken mit dem leeren Stuhl grundsätzlich nicht anwenden. Als Begründung dafür wird erstens die Befürchtung angeführt, die Verwendung dieser Techniken müsse mehr oder weniger zwangsläufig zu einer Verschlechterung im Befinden des Klienten führen. So behauptet z. B. Philippson ohne weitere Begründung und für mein Empfinden geradezu apodiktisch: »It is also well known that two-chair work across the primary split for narcissistic or borderline clients does not work, since an ending of the split plunges the client into depression« (1994, S. 13[23]). Diese Gefahr sehe ich zwar auch, aber keinesfalls

---

[23] »Es ist auch gut bekannt, daß Zwei-Stuhl-Arbeit an der primären Spaltung bei narzißtischen oder Borderline-Klienten nicht funktioniert, da ein Ende der Spaltung den Klienten in Depressionen stürzt.«

im Zusammenhang mit »two-chair work« generell, sondern nur dann, wenn eine der Techniken mit dem leeren Stuhl in Unkenntnis der Dynamik von Spaltungen und in einer nicht speziell auf diese Dynamik zugeschnittenen Form angewendet wird.
Die zweite Begründung gegen die Benutzung eines leeren Stuhls in der Arbeit an Spaltungen, die ich gehört habe, wird in der Befürchtung gesehen, eine solche Technik fördere bereits bestehende Fragmentierungen in der Person des Klienten. Diese Befürchtung hängt vermutlich mit der Tatsache zusammen, daß die Benutzung von zwei Stühlen als Anker für zwei voneinander abgespaltene Seiten des Klienten auf den ersten Blick gerade die Trennung zu unterstützen scheint, die durch die Bearbeitung der Spaltung aufgehoben werden soll.
In dieser Argumentation wird aber aus meiner Sicht der Ausgangspunkt der Arbeit mit ihrem Ziel vermischt. Die Bearbeitung von Spaltungen muß, genauso wie jeder andere therapeutische Prozeß, natürlich an der Stelle ansetzen, an der sich der Klient gerade befindet. Die primäre Unterstützung für den Klienten besteht darin, sein bewußtes Erleben von dem zu fördern, wer und wie er zum gegebenen Zeitpunkt *ist*. Beissers (1970) »paradoxe Theorie der Veränderung« behält für mich auch im Zusammenhang mit psychischen Störungen wie Spaltungsvorgängen ihre Gültigkeit, die als besonders gravierend gelten (vgl. auch Harris, in: Nevis, 1992, S. 252 f.). Die Förderung der Bewußtheit des Klienten von der Spaltung, nicht ihre Überwindung, halte ich darum für den ersten erforderlichen Schritt; er ist für den Klienten oft schwer genug und erfordert vom Therapeuten ein hohes Maß an Klarheit und Ausdauer. Diese Bewußtheit kann nach meiner Erfahrung manchmal mit Hilfe einer äußeren Inszenierung sogar leichter erworben werden als nur mittels interner Repäsentation.
Das liegt erstens am Charakter von Spaltungen überhaupt, der gerade darin besteht, daß abgespaltene Seiten der Person nur noch sehr eingeschränkt repäsentiert werden; darauf werde ich im weiteren noch ausführlich eingehen. Der zweite Grund, der für mich am Anfang dieses Abschnitts vorrangig ist, hat mit der Gesamtsituation des Klienten zu tun. Denn Spaltungen sind ja keine abstrakten Phänomene, sondern Mechanismen, derer sich eine ganzheitliche Person bedient. Sie stehen in einem psychischen Gesamtzusammenhang, in dem sie zugleich Ursache und Folge mancher anderer Phänomene sind.

Zu ihnen zählen häufig gravierende Einschränkungen im Selbstwert- und Identitätsgefühl des Klienten, unverarbeitete Erlebnisse einschneidender und sich wiederholender Kränkungen mit entsprechenden kompensatorischen Größenvorstellungen: »Individuals using extensive splitting may feel despicably worthless when faced with a narcissistic injury or a realistic setback. Subsequent positive external events may quickly turn the negative self-appraisal into a view of the self as superior, lovable, and outstanding« (Akhtar u. Byrne, 1983, S. 1015[24]). Erfahrungen von innerem Chaos, weitgehender Orientierungslosigkeit usw. sind oft die Folge.

Es überrascht von daher nicht, wenn solche Menschen, dem radikalen Wechsel ihrer Selbstbilder folgend, oft nur zur Gestaltung emotional äußerst instabiler bzw. häufig wechselnder Beziehungen fähig sind. »Extreme devaluation and idealization of others follow from this, as do shifts from one extreme view to another. The marked use of splitting thus leads to chaotic interpersonal relationships, characterized by unpredictability and instability« (a.a.O., S. 1014[25]). Das gilt natürlich auch für die therapeutischen Beziehungen, die diese Menschen eingehen: »In therapy, the patient may at one time feel dependent, sick, and in need of help from a powerful, idealized healer who can bring him health. At another time, the polarity may reverse, and the patient may experience himself as having no problems and the therapist as unnecessary, or even worthless and incompetent« (Hamilton, 1988, S. 83[26]).

[24] »Bei ausgedehnter Verwendung von Spaltungen kann ein Mensch sich jämmerlich wertlos fühlen, sobald er sich einer narzißtischen Kränkung oder einer realistischen Benachteiligung gegenübersieht. Nachfolgende positive äußere Ereignisse können die negative Selbstbewertung schnell in ein überlegenes, liebenswertes und außergewöhnliches Selbstbild verwandeln.«

[25] »Extreme Entwertung und Idealisierung anderer Menschen ergeben sich daraus ebenso wie Schwankungen von einer extremen Ansicht zur anderen. Die ausgeprägte Verwendung von Spaltungen führt darum zu chaotischen zwischenmenschlichen Beziehungen, die durch Unvorhersagbarkeit und Instabilität gekennzeichnet sind.«

[26] »In der Therapie kann der Patient sich das eine Mal abhängig, krank und bedürftig nach der Hilfe eines mächtigen, idealisierten Heilers fühlen, der ihn gesund machen kann. Ein anderes Mal kann das ins Gegenteil umschlagen, und der Patient kann sich selbst als frei von Problemen und den Therapeuten als unnötig oder gar wertlos und inkompetent erleben.«

Ich erinnere mich an einen meiner Klienten, der mich am Anfang seiner Therapie maßlos bewunderte und alle ihm durchaus zugänglichen Indizien für meine menschliche Begrenztheit trotz seiner weit überdurchschnittlichen Intelligenz und gelegentlicher Hinweise von mir vollständig ignorierte. Er nahm sie zwar kognitiv zur Kenntnis, aber es war so, als habe diese Kenntnis keinerlei Bedeutung für ihn und auch keine Konsequenzen in seinem Verhalten. Er nahm für jede Sitzung bei mir eine Bahnfahrt von zweimal 300 km auf sich, weil es in der Großstadt, in der er lebte, angeblich keinen auch nur annähernd so kompetenten Therapeuten gab wie mich. Während dieser Phase wertete er aber nicht nur jene ihm unbekannten Psychotherapeuten in seinem Wohnort ab, sondern auch meinen Praxiskollegen, den er im Rahmen einer anderen Veranstaltung kennengelernt hatte; er ließ keine Gelegenheit aus, ihn mit spöttischen oder abfälligen Bemerkungen zu bedenken und mich im vertraulichen Ton auf seine angeblichen Schwächen hinzuweisen.

Die idealisierende Einstellung mir gegenüber schlug nach einiger Zeit um. Nun warf er mir vor, ihn nicht zu verstehen, eigentlich nicht an ihm interessiert zu sein, überhaupt jede menschliche Wärme vermissen zu lassen und meine Klienten sowie die Erfolge, die ich in der Arbeit mit ihnen hatte, ausschließlich im Sinne meiner eigennützigen Motive zu benutzen. In seinen Darstellungen nahm ich bald die Form einer beinahe übernatürlichen dunklen Macht an, die von allen Menschen unentdeckt – außer natürlich ihm selbst, der die ›Wahrheit‹ nun erkannt hatte – heimlich die Fäden zog und sie unter seinen Einfluß brachte. Er fühlte sich dazu berufen, Menschen, von denen er wußte, daß sie ebenfalls bei mir in Therapie waren, über meine bösartigen Machenschaften aufklären zu müssen. Nun glaubte er auch, die ›Wahrheit‹ über meinen Kollegen zu kennen: Dieser galt ihm jetzt als fürsorgliche, väterliche Figur, die sich liebevoll der Menschen annahm.

Nach einiger Zeit versuchte er, eine private Beziehung zu meinem Kollegen herzustellen, dessen persönliche Freundschaft er nunmehr für äußerst erstrebenswert hielt. Dies dauerte allerdings nur so lange, bis mein Kollege ihm eine klare Grenze setzte. Dies war für ihn der Anlaß, diesen nunmehr zu verteufeln, der ihn, wie er in voller Überzeugung behauptete, auf übelste Art hinters Licht geführt und für seine Zwecke ausgenutzt hätte. Jetzt war ich es, der über die wahren Gegebenheiten ›aufgeklärt‹ und vor der Falschheit meines Kollegen gewarnt werden mußte; dieser schmiedete angeblich hinter meinem Rücken auch gegen mich Komplotte, und ich war in meiner freundlichen Art einfach zu leichtgläubig, dies zu durchschauen.[27]

Ich berichte von dieser Erfahrung, um die Beziehungsdynamik zu veranschaulichen, die sich im Zusammenhang mit Spaltungen entfalten und zu äußerst schwierigen Situationen führen kann. Diese Dynamik verlangt darum die primäre Aufmerksamkeit des Therapeuten. Sie stellt für mich aber keineswegs eine grundsätzliche Kontraindikation für die gelegentliche Arbeit mit der Selbstgespräch-Technik dar. Die mögliche Strukturierung der therapeutischen Situation durch die Technik kann gerade hier für den Klienten eine wertvolle Ordnung und Sicherheit liefern – eine *äußere* Klarheit, die helfen kann, eine innere zu entwickeln, indem sie zunächst außen etabliert und zur Aneignung bereitstellt, was innen noch unzureichend vorhanden ist. Die Technik bekommt dann den Stellenwert eines Beitrags zur »haltenden Umwelt« (Winnicott), die Klienten, die unter den Folgen von Spaltungen leiden, oft in besonderem Ausmaß benötigen.

Hier scheint mir allerdings eine Anmerkung nötig: Wenn ich mich im folgenden nur mit *einer* bestimmten technischen Möglichkeit zur Bearbeitung von Spaltungen befasse, nämlich der modifizierten Selbstgespräch-Technik, so liegt die Begründung dafür in dem Rahmen, den ich mir für dieses Buch gesteckt habe; es soll hier um die Techniken mit dem leeren Stuhl gehen. Ich möchte dabei kei-

---

[27] In Teams, z. B. in therapeutischen Kliniken, können Vorgänge solcher Art nach meiner Erfahrung aus der Supervision zu beträchtlichen Problemen führen. Um diesen gewachsen zu sein, sind ein hohes Maß an gegenseitigem Vertrauen unter den Mitarbeitern, ein unbehinderter Informationsfluß und eine weitgehende Immunität gegenüber der Versuchung, das eigene Ego auf Kosten der Kollegen aufzupolieren, erforderlich. Obwohl diese Voraussetzungen zwischen meinem Kollegen und mir gegeben sind, brauchten wir immer wieder ausführliche, offene Gespräche, um die Situation zu verarbeiten und uns nicht gegeneinander ausspielen zu lassen. Ich verweise in diesem Zusammenhang auf Moser (1992), der in einem Aufsatz über den »interkollegialen therapeutischen Raum« betont hat, wie wichtig für den therapeutischen Prozeß mancher Klienten die offene Kommunikation auch zwischen Therapeuten verschiedener Schulrichtungen ist.

neswegs den Eindruck erwecken, diese technische Möglichkeit stelle die einzige oder gar beste Art dar, Spaltungen zu bearbeiten. Wie bisher schon klargeworden sein dürfte, meine ich mit »Spaltung« nicht nur allgemein eine Desintegration von Repräsentanzen der eigenen Person; so benutzte Perls in seinen späteren Jahren dieses Wort (vgl. z. B. 1980, S. 198 f.). Vielmehr ist jener psychische Mechanismus gemeint, der zur Dissoziation von (Teil-) Repräsentanzen sowohl von der eigenen Person als auch derer von anderen Menschen führt. In diesem letzten Sinn wurde der Begriff der Spaltung von Perls et al. an der oben zitierten, früheren Stelle (1979, S. 23) beschrieben. Eine eingehende Beschäftigung mit diesem Mechanismus fand jedoch weder damals noch später in der gestalttherapeutischen Literatur statt.[28] Artikel wie die von Brallier und Hoffman (1971), Dublin (1978) oder Stratford und Brallier (1979) stellen hier in gewissem Sinne Ausnahmen dar, obwohl sie den Begriff der Spaltung nicht explizit thematisieren; Yontef (1993) verwendet den Begriff zwar an einigen Stellen, geht aber auch nicht detailliert auf ihn ein.

Als praktizierender Gestalttherapeut halte ich es für sehr nützlich, sich theoretisch mit dem Phänomen von Spaltungen auszukennen, besonders wenn man mit Klienten zu tun hat, deren psychische Störungen man als gravierend erlebt. Ein solcher Eindruck des Therapeuten hat nach meiner Erfahrung nämlich oft gerade damit zu tun, daß der Klient versucht, sich mit Hilfe von Spaltungen psychisch einigermaßen im Gleichgewicht zu halten. Es ist darum auch nicht verwunderlich, daß Spaltungen in der Arbeit mit Menschen gehäuft zu beobachten sind, die sich überwiegend mit Themen von relativ hohem persönlichen Stellenwert, insbesondere solchen vierten bzw. fünften Grades (vgl. Staemmler, 1993, S. 275ff.), befassen.

Eine gründliche Beschäftigung mit dem Spaltungsmechanismus halte ich darum auch unter Gestalttherapeuten für wünschenswert. Sie müßte sich auf eine ausführliche Phänomenologie hinsichtlich des Alltagslebens der betreffenden Personen und insbe-

---

[28] Diese Tatsache steht in einem merkwürdigen Mißverhältnis zu der Häufigkeit, mit der z. B. der »Borderline«-Begriff verwendet wird, obwohl dieser inhaltlich ja wesentlich durch den großen Stellenwert von Spaltungen für die betreffenden Menschen gefüllt ist (vgl. Kernberg, 1981 und 1983).

sondere darauf beziehen, wie sich Spaltungen in der therapeutischen Beziehung auswirken, zu welchen Übertragungsvorgängen sie führen können, wie sie dadurch den Verlauf von Therapien beeinflussen und welche wesentlichen Auswirkungen sie schließlich auf den Erfolg oder Mißerfolg von Therapien haben können. Im Rahmen meiner Überlegungen zu den Techniken mit dem leeren Stuhl kann ich alle diese Dimensionen natürlich nur anreißen.
Solange die gestalttherapeutische Literatur zu diesem Thema noch so dünn ist, muß man sich psychoanalytischer Literatur zuwenden, wie ich es auf den vorangegangenen Seiten schon einige Male getan habe. Dort stößt man allerdings auf ein ähnlich vielseitiges und zum Teil auch widersprüchliches Bild wie bei vielen anderen psychoanalytischen Termini. Das gilt teilweise schon für die Bedeutung, die Freud dem Begriff gab (vgl. Brook, 1992), trifft aber in noch viel stärkerem Maße auf die spätere Literatur zu (vgl. Crisp, 1987, oder Grotstein, 1985). So können Lichtenberg und Slap mit Recht von »varied and confusing meanings of the term« (1972, S. 785[29]) sprechen. Die Widersprüche gipfeln darin, daß von manchen Autoren (z.B. Pruyser, 1975) der Spaltungsbegriff grundsätzlich für unbrauchbar gehalten wird, während andere ihn mit ungebrochener Selbstverständlichkeit benutzen. Auch zur entwicklungspsychologischen Einordnung von Spaltungen gibt es extrem gegensätzliche Positionen: Die einen halten Spaltungen für ein sehr frühes, sozusagen ›normales‹ Phänomen, das in den ersten Lebensmonaten auftritt und im Falle einer gesunden psychischen Entwicklung sukzessiv durch Integration überwunden bzw. durch Verdrängung ersetzt wird (z.B. Klein, 1946, oder Kernberg, 1966). Die anderen meinen, Spaltungen seien erst aufgrund späterer Reifungsschritte möglich, und ihr Auftreten sei als Anzeichen psychopathologischer Entwicklungen zu verstehen (vgl. z.B. Stern, 1992, S. 346 ff.).
Schließlich gibt es auch einen sehr grundsätzlichen Dissens hinsichtlich der metapsychologischen Bedeutung von Spaltungen (vgl. z.B. Christopher et al., 1992). Die genannten Autoren weisen in diesem Zusammenhang auf die Gefahr von Reifikationen und konzeptionellen Fehlschlüssen hin, die es nach meiner Meinung besonders dann im Auge zu behalten gilt, wenn man, was ich be-

[29] »vielfältigen und verwirrenden Bedeutungen des Begriffs«

fürworte, auch in einem gestalttherapeutischen Kontext den Spaltungsbegriff verwendet.

In einem gestalttherapeutischen Kontext kann und sollte nur die Phänomenologie von Spaltungen, die die psychoanalytische Literatur bereitstellt, integriert werden, nicht jedoch der oft mit ihr verbundene metapsychologische Ballast. Ein Text, der dies meines Erachtens ganz gut ermöglicht, ist der von Marmar und Horowitz (1986). Sie beschreiben das Phänomen »Spaltung« so: »Spaltung bezieht sich auf eine Trennung in den mentalen Repräsentationen, die eine Person von sich selbst und von anderen bildet mit der Folge, daß eher partielle als ganze Vorstellungen entstehen. Objekte (= andere Menschen – F.-M. St.) werden dann eher für ausschließlich gut oder ausschließlich schlecht gehalten, anstatt als Menschen gesehen zu werden, die sowohl gute als auch schlechte Eigenschaften haben. Auf ähnliche Weise werden starke widersprüchliche Gefühle auseinandergehalten, z. B. die Liebe für eine Person, die einem seine Bedürfnisse befriedigt, und der Haß auf dieselbe Person, wenn sie einen zu einem anderen Zeitpunkt frustriert. Sobald Wut auf das frustrierende Objekt entsteht, verliert der Betreffende den Zugang zu relativierenden Erinnerungen an frühere positive Gefühle, die seine Reaktion auf die Frustration mildern könnten. Das Gefühl für Verhältnismäßigkeit ... ist beeinträchtigt, was zu einer unrealistischen und bisweilen dramatischen Überreaktion auf die Erfahrung des Augenblicks führt. (...) ... die Tatsache, daß nur eine Seite der Ambivalenz in einem bestimmten Moment in der Bewußtheit vorhanden ist, verhindert eine realistische Integration der Erfahrung« (a.a.O., S. 23 f.[30]).

Die hier beschriebene Form der Spaltung, die ein zeitlich versetztes, wechselnd nur positives und dann nur negatives Erleben eines Menschen von sich selbst und/oder von anderen Menschen zur Folge hat, ist zwar relativ häufig zu beobachten, stellt allerdings nicht die einzige Form dar. Andere Formen, auf die ich hier nicht weiter eingehen möchte, beschreibt Crisp (1987) ausführlich. Ich werde mich im folgenden darauf beschränken, technische Aspekte der Bearbeitung von solchen Spaltungsformen zu diskutieren, wie sie oben beschrieben wurden.

[30] Ich gebe dieses Zitat wegen seiner Länge nur in meiner deutschen Übersetzung wieder.

Eine Definition von Kernberg scheint mir dafür nützlich. Er betont, daß er »... den Ausdruck ›Spaltung‹ in einem sehr umschriebenen Sinne verwende(t), nämlich als Bezeichnung für das aktive Auseinanderhalten konträrer Introjektionen und Identifizierungen. (...) Klinisch manifestiert sich eine Spaltung unter anderem in der Weise, daß – etwa bei bestimmten Charakterstörungen – gegensätzliche Seiten eines Konflikts abwechselnd die Szene beherrschen, wobei der Patient in bezug auf die jeweilige andere Seite eine blanke Verleugnung zeigt und über die Widersprüchlichkeit seines Verhaltens und Erlebens überhaupt nicht betroffen zu sein scheint. (...) Das vielleicht bekannteste Spaltungsphänomen ist die Aufteilung äußerer Objekte in ›total gute‹ und ›total böse‹... In gleicher Weise können auch ständige extreme Schwankungen zwischen konträren Selbstkonzepten ein Ausdruck von Spaltungsprozessen sein« (1983, S. 49 f.).
Und über die Funktion solcher Spaltungen für den betreffenden Menschen sagt Kernberg: »Die Spaltung und andere mit ihr zusammenhängende Mechanismen schützen das Ich vor Konflikten mit Hilfe der Dissoziierung oder indem sie widersprüchliche Erfahrungen des Selbst und bedeutsamer anderer getrennt voneinander halten. Wenn solche Mechanismen vorherrschen, werden abwechselnd widersprüchliche Ichzustände aktiviert. Solange diese widersprüchlichen Ichzustände getrennt voneinander gehalten werden können, läßt sich die Angst, die mit diesen Konflikten verbunden ist, fernhalten oder beherrschen« (Kernberg, 1988, S. 32).
Aus psychoanalytischen Quellen wie diesen habe ich zwar viele Informationen über den Mechanismus der Spaltung selbst und seinen Zusammenhang mit anderen Phänomenen bzw. ganzen Störungsbildern erfahren, wodurch ich mich sehr bereichert fühlte; aber natürlich konnte ich hier nicht auf Überlegungen praktisch-technischer Art stoßen, die sich auf die Ebene gestalttherapeutischen Handelns bezogen hätten. Von daher und wegen des erwähnten Mangels an entsprechender Literatur aus dem Bereich der Gestalttherapie selbst war ich ›gezwungen‹ – und das hat ja auch einiges für sich –, mir zu dieser Frage meine eigenen Gedanken zu machen und die Erfahrungen aus meinen Therapien mit jenen Menschen gründlich auszuwerten, bei denen Spaltungen eine Rolle spielten. Ich bin nach wie vor damit beschäftigt, denke aber, daß ich ein paar Anregungen geben kann.

Zunächst scheint es mir sinnvoll, auf einige Klippen hinzuweisen, die mir im Verlauf meiner Beschäftigung mit dieser Thematik und auch in Supervisionen immer wieder aufgefallen sind. Die erste größere Klippe besteht für uns Gestalttherapeuten meines Erachtens im _Erkennen_ von Spaltungen. Es erfordert die Bereitschaft, über den Tellerrand unserer für mein Empfinden sehr unzulänglichen Theorie von den »neurotischen Mechanismen« hinauszuschauen, die sich auf Konfluenz, Introjektion, Projektion und Retroflektion (vgl. Perls, 1976, S. 50 ff.) bzw. auch Egoismus (vgl. Perls et al., 1979, S. 244 ff.) beschränkt.[31] Wenn wir das tun, öffnet sich gerade in der psychoanalytischen Literatur für uns eine Fundgrube, die eine große Menge an Informationen über die dort sogenannten »Abwehrmechanismen« enthält. Viele dieser Mechanismen lassen sich für mein Verständnis ohne größere theoretische Probleme in unsere eigene Theorie integrieren.

Aber nicht nur für unsere Theorie, sondern auch für unsere Praxis ist das ein Gewinn, denn oft kann man das, was einem begegnet, nur erkennen, wenn man es überhaupt erst einmal für möglich hält; dabei kann die entsprechende theoretische Vorinformation sehr hilfreich sein. Ich meine dies übrigens nicht nur bezogen auf den Mechanismus der Spaltung, sondern sehr allgemein. Der mit der Spaltung in gewisser Hinsicht verwandte Mechanismus der Verleugnung[32] wäre nur eines von einer großen Reihe weiterer Beispiele, die sich hier aufführen ließen und die man in einer Theorie solcher Mechanismen meiner Meinung nach aufführen müßte. Das erscheint mir deshalb notwendig, weil diese Mechanismen nicht auf die in der oben erwähnten gestalttherapeutischen Literatur beschriebenen Mechanismen zurückgeführt oder als eine Kombination aus diesen verstanden werden können.

Zum Erkennen gehört jedoch noch mehr als das Fürmöglich-Halten. Das, was man prinzipiell für möglich hält, muß man dann ja auch sehen, wenn es tatsächlich in Erscheinung tritt. Und hier ste-

---

[31] Begriffe wie »Deflektion« (E. u. M. Polster, 1975, S. 93 ff.), »Proflektion« (Crocker, 1981) oder »Konflektion« (Latner, 1991) etc. verstehe ich als Differenzierungen *innerhalb* des durch Perls et al. gesteckten Rahmens, nicht als eine mir notwendig erscheinende Erweiterung dieses Rahmens. – Perls hatte ursprünglich einen viel weiteren Rahmen vorgeschlagen (vgl. 1978, S. 78ff.); dieser Ansatz ist später leider verlorengegangen.

[32] Ich komme darauf noch zurück.

hen wir Gestalttherapeuten, meine ich, vor einer zweiten Klippe, die mit einer immer noch relativ weit verbreiteten Auffassung von der Bedeutung des »Hier und Jetzt« zusammenhängt. Nach dieser Auffassung, die mir auch vermittelt wurde, die ich aber nicht mehr teile, genügt es für den Gestalttherapeuten, immer nur jene Eindrücke zu verarbeiten und in Reaktionen umzusetzen, die er im jeweiligen Augenblick aufnimmt. Der »Augenblick« dauert dieser Auffassung zufolge oft nur einige Sekunden, manchmal ein paar Minuten, gelegentlich auch noch eine ganze Sitzung lang. Aber äußerst selten länger.

Und genau darin sehe ich die Klippe. Die erwähnte Auffassung vom »Hier und Jetzt« kann nämlich – nicht nur bei manchen »schizophrenen Patienten«, wie sie im folgenden Zitat genannt werden – einen Mangel an Kontinuität im Erleben des Klienten unbemerkt und folglich unbearbeitet lassen, der eigentlich dringend die Beachtung des Therapeuten verdiente: »Es gibt ein bemerkenswertes Phänomen in der Psychiatrie, nämlich die formale Denkstörung bei manchen schizophrenen Patienten, die dadurch gekennzeichnet ist, daß die semantische Vernetzung von jeweils in einem Gegenwartsfenster Repräsentierten nicht mehr möglich ist, so daß einzelne Bewußtseinsinseln wie isoliert in der Zeit liegen. Aufgrund der fehlenden inhaltlichen Verknüpfung aufeinander folgender Gegenwartsfenster kommt es zu einer Diskontinuität des Erlebens« (Pöppel, in: Wendorff, 1989, S. 15; vgl. auch Heimann, in: Pöppel, 1989, und Scharfetter, 1985, S. 95)[33].

Wir Gestalttherapeuten müssen deshalb, wie ich meine, besonders darauf achten, uns nicht von dem, was wir an unseren Klienten im Vordergrund des »Hier und Jetzt« wahrnehmen können, derartig beeindrucken zu lassen, daß wir den dazugehörigen Hintergrund aus dem Blick verlieren (vgl. Polster, 1985). Das erfordert die Fähigkeit, auch die Erfahrungen längerer Zeiträume einzubeziehen. Denn jene Seiten seiner selbst, die der Klient durch eine Spaltung voneinander fernzuhalten versucht, treten häufig in größeren

---

[33] Das von Pöppel (1985) beschriebene »Gegenwartsfenster« umfaßt ca. drei Sekunden: Ereignisse, die mehr als drei Sekunden auseinanderliegen, werden normalerweise nicht mehr als *gleichzeitig* erlebt. Sie können – bei funktionierender »semantischer Vernetzung« – aber dennoch als *zusammengehörig* erlebt werden und ein sinnvolles Ganzes, eine Gestalt, bilden (Vgl. Staemmler, 1994c).

zeitlichen Abständen in Erscheinung.³⁴ Das ist eigentlich nicht überraschend, sondern entspricht durchaus dem Sinn dieses Mechanismus, der ja dazu dient, den als bedrohlich erlebten gegenseitigen Bezug der voneinander gespaltenen Seiten möglichst zu verhindern. Solange dem Klienten dies gelingt, bleibt er vom Erleben seiner oftmals panischen Angst verschont. Wenn der Therapeut nur einen zeitlich sehr engen Ausschnitt seiner Eindrücke vom Klienten beachtet, kann es ihm nicht gelingen zu sehen, daß zwei zeitlich weiter auseinanderliegende Verhaltens- und Erlebensweisen tatsächlich in einem Bezug zueinander stehen, der sich paradoxerweise gerade in der Tatsache niederschlägt, daß das Erleben dieses Bezugs vom Klienten tunlichst vermieden wird. Man kann nur entdecken, daß Stevensons (1926) Romanfigur »Doctor Jekyll and Mr. Hyde« in Wahrheit ein und dieselbe Person sind, wenn man Tag *und* Nacht zusammen in den Blick nimmt.

Die wünschenswerte besondere Aufmerksamkeit des Therapeuten für das Hier und Jetzt darf also nicht dazu führen, nur jene Informationen in seine Betrachtung der gegebenen Situation einzubeziehen, die im gegebenen Augenblick für ihn und/oder für den Klienten zum Vordergrund werden. Diese Informationen haben einen Hintergrund, vor dem sie oft erst in ihrer Bedeutung verständlich werden, wie überhaupt das Jetzt eine Figur ist, die meist nur vor dem Hintergrund eines wesentlich größeren Zeitraums bedeutsam wird. Je stärker und je grundlegender ein Mensch in den Klauen seiner Vergangenheit gefangen und damit in seinem gegenwärtigen Verhalten von ihr geprägt ist, desto wichtiger ist es, diesen Zusammenhang zu sehen, wenn man ihn verstehen will. Das wird am Mechanismus der Spaltung sehr gut deutlich. Er ist oft nur zu erkennen und zu verstehen, wenn der Therapeut auch jene Eindrücke von seinem Klienten miteinbezieht, die er im zeitlichen Hintergrund, also der Vergangenheit, gewonnen hat. (Natürlich können hier auch Informationen wichtig sein, die der Klient aus seiner Vergangenheit oder seinem Alltag berichtet.)

---

³⁴ Psychische Bezüge sind oft *Kontingenzen*, beruhen also auf relativer *zeitlicher Nähe* der entsprechenden Ereignisse. Störungen solcher Bezüge lassen sich darum auch und gerade durch Aufhebung der zeitlichen Nähe bewerkstelligen.

Wenn ein Klient zwei Seiten seiner selbst voneinander spaltet, dann heißt das in anderen Worten: Während die eine der beiden Seiten seinem Erleben gerade zugänglich ist, befindet die andere sich so weit im Hintergrund, daß er sie nicht mit Bewußtheit erfährt, wenn auch in seinem Bewußt*sein*[35] durchaus Erinnerungsspuren gegeben sein mögen. »Das Gemeinsame aller dieser Spaltungsoperationen besteht darin, daß sie im Gegensatz zu ›reiferen‹ Abwehroperationen keine *endgültige* Verdrängung der unerwünschten Inhalte ins Unbewußte zuwege bringen. Das Abzuwehrende bleibt vielmehr vorbewußt und muß durch ständige Manipulation von einem Zusammentreffen mit anderen Segmenten des psychischen Erlebens ferngehalten werden. Das Ich entwickelt zu diesem Zweck Methoden, mit deren Hilfe bewußte oder vorbewußte Inhalte je nach Bedarf ›verleugnet‹ werden können und der Anschein erweckt wird, ›als ob‹ etwas, was im Grunde nach außen oder innen hin wahrnehmbar wäre, nicht existiere« (Rohde-Dachser, 1983, S. 95 – Hervorhebung im Original).

Das Wort »Verleugnung« im vorangegangenen Zitat, das auch in der weiter vorn zitierten Charakterisierung von Spaltungen durch Kernberg auftauchte, bezeichnet ein Phänomen, das einen Aspekt jeder Spaltung darstellt: »Was der Patient in einem Moment verleugnet, ist etwas, worum er zugleich in anderen Bereichen seines Bewußtseins durchaus weiß, d. h. es werden *Emotionen* verleugnet, die er schon einmal erlebt hat (woran er sich auch erinnern kann), und es wird die emotionale Relevanz einer bestimmten Realsituation verleugnet, die dem Patienten aber immer bewußt war oder jedenfalls leicht wieder bewußtgemacht werden kann« (Kernberg, 1983, S. 53 – Hervorhebung im Original). Von daher kann man Spaltungen auch als »wechselseitige Verleugnung(en)« (a.a.O., S. 52) verstehen.

Ich selbst habe infolge einer Intoxikation einmal eine mehrere Stunden andauernde, generalisierte Form von Verleugnung erlebt[36]. In dieser Zeit, in der mein Erinnerungs- und Denkvermögen völlig intakt blieb, war es mir nicht möglich, die emotionalen Be-

---

[35] Zur Unterscheidung von Bewußtheit und Bewußtsein vgl. Staemmler u. Bock, 1991, S. 57ff.
[36] Manche Psychiater würden vielleicht auch von »affektiver Anästhesie« oder »dissoziiertem Affekt« sprechen.

deutungen, die gegenwärtige oder zurückliegende Ereignisse für mich hatten, als solche zu spüren. Ich konnte mich zwar gut daran *erinnern*, welche Gefühle und Resonanzen bestimmte Menschen und Situationen normalerweise in mir auslösen, aber ich konnte diese Reaktionen nicht *empfinden*: Musik, die mir sonst viel bedeutet und mich stark berührt, klang wie eine sterile Zusammenstellung schwingungsloser Töne. Bestimmte sexuelle Reize, die mich meist erregen, lösten keinerlei Empfindung in mir aus; über meinem ganzen Körper lag ein anästhetischer Schleier. Die Welt wurde flach, zweidimensional, ein Abziehbild meiner sonstigen Wirklichkeit.

Das manifestierte sich u. a. auch darin, daß ich nur *denken* konnte, wie verarmt und schrecklich unwirklich ich diesen Zustand fand, daß ich aber nicht das schreckliche Gefühl *spüren* konnte, von dem ich wußte, ich würde es normalerweise empfinden. Es war mir nicht möglich, unter dem Verlust an emotionaler Anteilnahme zu *leiden,* obwohl ich ihn klar *erkennen* konnte. Ich *wußte* zwar, daß ich mir ein Ende dieses Zustandes wünschte, aber ich war nicht fähig, mich danach zu *sehnen.*

Unter der Bedingung einer Spaltung liegen ähnliche Gegebenheiten abwechselnd immer hinsichtlich jener Seite der Spaltung vor, mit der der betreffende Mensch sich gerade *nicht* identifiziert; daher der Ausdruck »wechselseitige Verleugnung«. Er »... ist sich zwar im klaren darüber, daß seine momentanen Wahrnehmungen, Gedanken und Gefühle in bezug auf sich selbst oder andere Personen völlig im Gegensatz zu dem stehen, was er zu anderen Zeiten wahrnahm, dachte, fühlte; aber dieses Wissen hat für ihn keinerlei emotionale Relevanz, es vermag nichts an seinen derzeitigen Gefühlen zu ändern« (Kernberg, 1983, S. 52). Auf diese Weise entsteht kein *Gefühl* eines inneren Widerspruchs oder Konflikts. Der Betreffende kann ungebrochen heute das eine tun oder sagen und morgen genau das Gegenteil, ohne das je als Unstimmigkeit zu empfinden. Diese Empfindung fehlt selbst dann, wenn es ihm gelingt, den Widerspruch kognitiv als solchen zu erkennen.

Daraus ergibt sich manchmal ein zum gegebenen Zeitpunkt extrem und einseitig anmutendes Verhalten und Erleben des Klienten. Diese dramatisch und übertrieben wirkenden Erscheinungsformen von Verhaltensweisen, die auf Spaltungen beruhen, haben in der Tat bisweilen gewisse äußere Ähnlichkeiten mit manipulati-

ven Dramatisierungen und Übertreibungen. Sie dürfen jedoch nicht mit solchen ›Spielen‹ verwechselt werden. Therapeuten, die, wie Fritz Perls es bisweilen zu tun schien, beinahe argwöhnisch darauf lauern, welche ›Spiele‹ ihre Klienten mit ihnen treiben, um sich in jedem Fall frühzeitig dagegen verwahren zu können, sind in Gefahr, nur den manipulativen Aspekt im Verhalten ihrer Klienten zu sehen und zu beantworten. Dieser Aspekt ist sicher auch im Zusammenhang mit Spaltungen öfter gegeben; er ist jedoch nicht der einzige und darf schon gar nicht zum wesentlichen erhoben werden, wenn man dem Klienten gerecht werden will.
Denn ein Mensch, der spaltet, hat, mehr noch als einer, der ›spielt‹, im aktuellen Moment kaum eine andere Wahl, als sich so zu verhalten, wie er es tut; er hat damit auch nicht die Wahl, etwas zu übertreiben. Was übertrieben wirkt, z. B. eine uneingeschränkte Idealisierung bestimmter Personen oder eine kompromißlose Verteufelung anderer, kommt dadurch zustande, daß es bei der Wirksamkeit einer Spaltung für den Klienten sozusagen kein Kontinuum, keine Achse oder Verbindungslinie zwischen den extremen Repräsentanzen gibt. Diese stehen vielmehr unverbunden und ohne die ergänzende Vermittlung durch moderatere Zwischentöne wie von einer Kluft getrennt nebeneinander. Volkan berichtet dieses Phänomen von einem seiner Klienten mit den Worten: »... es war eine Lücke zwischen polaren Gegensätzen, die er eher als einen Abgrund denn als eine farblose Fläche oder eine ›graue Zone‹ zwischen zwei starken Extremen betrachten mußte« (1978, S. 106).
Das bedeutet, daß im Falle einer Spaltung zwei widersprüchliche Repräsentanzen des Klienten von sich selbst und/oder anderen Personen separiert voneinander existieren, wobei die eine in der Regel mit einem ausschließlich positiven, die andere mit einem ausschließlich negativen Erleben von sich selbst und/oder anderen Menschen begleitet wird. Diese *Erlebnis*qualitäten habe ich im Diagramm 6 mit den Zeichen »+« und »-« dargestellt.
Die Spaltung erfüllte ursprünglich wohl einen guten Zweck. Auch sie ist eine »kreative Anpassung« (Perls et al., 1979), die die bewundernswerte Tatsache beweist, daß Menschen, »... wenn sie in bestimmten frühen Phasen ihrer Entwicklung mit nicht zu bewältigenden, inkompatiblen sozialen Situationen konfrontiert werden, auch *mehrere* Selbstmodelle ›zu verschiedenen Zwecken‹ er-

Diagramm 6

Spaltung

Repräsentanz +	Repräsentanz −
des Klienten	des Klienten
von sich selbst	von sich selbst
(und/oder anderen)	(und/oder anderen)[37]

zeugen können« (Metzinger, 1993, S. 190 – Hervorhebung im Original). Unter der Kluft zwischen den Selbstmodellen leiden sie dann aber auch, typischerweise meist ohne ihr Leiden auf sie zurückführen zu können.

Das Bedürfnis, das der Klient folgerichtig aus diesem Leiden heraus entwickeln müßte, richtete sich darum auf eine Überbrückung der Kluft. In der Regel verhindert aber der Charakter der Spaltung eben diese Entwicklung und macht es erforderlich, daß entsprechende Hinweise und Anregungen zunächst vom Therapeuten ausgehen. Bekommen sie solche, reagieren viele Klienten darauf aber durchaus nicht dankbar oder erfreut. Das liegt sozusagen in der Natur der Sache, denn jeder Hinweis auf die Existenz einer Spaltung stellt unvermeidlich eine Verbindung zwischen den abgespaltenen Seiten her und ist von daher dazu prädestiniert, Angst, Abwehr und manchmal auch heftige Feindseligkeit gegenüber dem Therapeuten hervorzurufen.

Die Konfrontation des Klienten mit einer Spaltung erfordert vom Therapeuten darum Takt und Geschick sowie ein gutes Gespür für den richtigen Zeitpunkt. Er muß sich außerdem darüber im klaren sein, daß der Klient auf die Konfrontation mit einiger Wahrscheinlichkeit aversiv reagieren wird, was sich natürlich schnell auf die therapeutische Beziehung auswirken kann. Es ist deshalb ratsam, solche Konfrontationen nur dann vorzunehmen, wenn ausreichend Zeit bleibt, ihre Folgen zu verdauen. Außerdem sollte der Therapeut sich von vornherein auf ein langsames Vorge-

---

[37] Daß die Repräsentanzen von anderen Menschen oft derselben Spaltung unterliegen wie die Repräsentanzen der betreffenden Person von sich selbst, kann man als Folgeerscheinung der Selbstspaltung betrachten; darum im Diagramm die Klammern. – Ich werde im weiteren der Einfachheit halber auf die Darstellung dieses Aspekts im Diagramm verzichten.

hen in kleinen Schritten einstellen. Das erste Arbeitsziel sehe ich darin, ein Bewußtsein des Klienten von der Spaltung zu erarbeiten. Das zweite Ziel ist das Erreichen einer gewissen Beständigkeit dieses Bewußtseins. Auch im nächsten Schritt ist das Ziel noch keinesfalls, »... die einander fremden Teile zu einem kohärenten Selbst wieder- oder neu zu vereinigen, als vielmehr zunächst eine Interaktion zwischen den abgespaltenen Teilen herzustellen« (Becker, 1990, S. 11 f.)[38].

Erste Hinweise auf das Vorhandensein von Spaltungen bekommt man als Therapeut oft aus seiner persönlichen Resonanz auf das Verhalten oder die Erzählungen des Klienten. Die Bezugslosigkeit zwischen den abgespaltenen Repräsentanzen führt manchmal zu Handlungen des Klienten, auf die man leicht mit Sprach- und Fassungslosigkeit, Empörung oder auch dem Impuls, sich abwenden zu wollen, reagieren kann. Solche und andere Reaktionen haben zur Grundlage, daß man selbst – bewußt oder nicht – bereits einen Bezug hergestellt hat, der dem Klienten überhaupt nicht klar ist, dessen Herstellung er im Gegenteil mit allen möglichen Mitteln zu verhindern sucht, weil er für ihn äußerst bedrohlich erscheint.

Seine persönlichen Resonanzen können den Therapeuten dazu bewegen, dem Klienten seine Empfindungen mitzuteilen oder ihn auf die Inkonsistenz in seinem Verhalten hinzuweisen. Das ist durchaus nicht immer sinnvoll. Denn es hat oft nur zur Folge, daß er sich unverstanden und – bei der meist zugleich vorhandenen Verletzlichkeit – gekränkt fühlt, da die ihm gerade unzugängliche Seite in ihm trotz der Intervention gefühlsmäßig unzugänglich bleibt. Wird sie aber spontan auch nur zum Teil seiner Bewußtheit zugänglich, fühlt er sich natürlich massiv bedroht. Denn der Hinweis auf einen Widerspruch stellt ja jenen gefährlichen Bezug her, den er unter beinahe allen Umständen zu vermeiden versucht.

Die Arbeit an der Aufhebung einer Spaltung erfordert von daher nicht nur die ausdrückliche und entschiedene Bereitschaft des Klienten, sondern von seiten des Therapeuten auch großes Fingerspitzengefühl, viel Geduld und das Wissen, daß nur bei *massiver*

---

[38] Von hier aus betrachtet wird klar, daß in meinen vorangegangenen Ausführungen zum unfruchtbaren und fruchtbaren Selbstgespräch eine Voraussetzung enthalten ist, von der man nicht in allen Situationen mit allen Klienten ausgehen kann: das Bestehen eines Bezugs zwischen den verschiedenen Seiten im Klienten, das ihm das Erleben eines *Konflikts* ermöglicht.

Unterstützung für die positiv erlebte der beiden voneinander gespaltenen Seiten im Klienten ein Fortschritt zu erzielen ist. Denn die positiv erlebte Seite kommt dem Klienten oft so verschwindend klein vor, und die negativ erlebte Seite erscheint ihm dagegen so übermächtig, daß das Herstellen eines Bezugs zwischen beiden sich für ihn wie der Beginn einer Vernichtung der positiv erlebten Seite anfühlen kann. Hieraus ergibt sich das Gefühl einer extremen Bedrohung, das nur zu mildern ist, wenn die positiv erlebte Seite im Klienten durch den Beistand des Therapeuten geschützt oder gestärkt wird. Ohne eine solche Milderung ist auch das noch so behutsame Herstellen des Bezugs sinnlos oder gar destruktiv.

Wenn ich von »massiver Unterstützung« für die positiv erlebte Seite des Klienten spreche, meine ich damit keinesfalls eine einseitige Parteinahme des Therapeuten für diese oder gar eine negative Einstellung gegenüber der negativ erlebten Seite des Klienten. Natürlich braucht der Klient die Wertschätzung des Therapeuten für sich als *ganze* Person – gerade und besonders dann, wenn er sich selbst kaum als ganz, sondern als gespalten erlebt. Eine einseitige Parteinahme des Therapeuten hätte eher die Wirkung, die Spaltung im Klienten zu stabilisieren als sie zu überwinden. Sie käme einer positiven Bewertung der positiv erlebten, ›guten‹ und einer negativen Bewertung der negativ erlebten, ›bösen‹ Seite des Klienten gleich und würde dadurch zur Aufrechterhaltung der Dichotomie von ›gut‹ und ›böse‹ beitragen.[39]

Die massive Unterstützung, die der Klient für seine positiv erlebte Seite braucht, solange die Spaltung noch größere Wirksamkeit besitzt, ist nach meiner Erfahrung in der Form angezeigt, daß der erforderliche Bezug zwischen beiden Seiten zunächst *nur von der positiv erlebten Seite her* und in Identifikation mit ihr hergestellt wird. Zum Wesen der Spaltung gehört ja, daß der erlebnismäßige Zugang zur jeweils anderen Seite seines Erlebens für den Klienten, wenn er sich auf der einen Seite befindet, so gut wie vollkommen verbarrikadiert ist. Würde man die Arbeit am Herstellen eines Be-

---

[39] Um der Gefahr solcher Bewertungen vorzubeugen, spreche ich trotz der sprachlich unschönen Wiederholungen bewußt immer wieder von der positiv bzw. negativ *erlebten* Seite des Klienten. Die Begriffe »positiv« und »negativ« kennzeichnen also das subjektive Empfinden des Klienten und nicht eine Bewertung durch den Therapeuten bzw. durch mich.

zugs von der negativ erlebten Seite her beginnen, also in einer Situation, in der diese Seite im Klienten stark aktiviert ist, während die positiv erlebte kaum über irgendeine Kraft verfügt (sie ist ohnehin meist schon grundsätzlich schwächer), müßte jede auch nur tendentielle Aufhebung der Spaltung zu dem führen, was der Klient am meisten fürchtet: die Vernichtung der unverhältnismäßig schwachen positiv erlebten Seite durch die übermächtige negativ erlebte. Vielleicht beruht die schon zitierte Warnung von Philippson vor »two-chair work across the primary split« (1994, S. 13) auf solchen Erfahrungen.

Ich ziehe eine andere Konsequenz. Ich gehe die Arbeit in der Regel von der positiv erlebten Seite des Klienten an und gebe ihm für sie jede denkbare Unterstützung. Es reicht meist nicht, wenn diese Unterstützung nur durch die therapeutische Haltung der Bestätigung auf der Beziehungsebene erfolgt. Vielmehr ist außerdem eine intensive Förderung der Bewußtheit des Klienten für diese positiv erlebte Seite mit allen technischen Möglichkeiten nötig, damit diese Seite in ihm zunächst möglichst fest in seinem Erleben verankert wird. Es ist dann weniger wahrscheinlich, daß die später notwendige Beschäftigung mit der negativ erlebten Seite sofort zur ausschließlichen Identifikation mit dieser führt und der Klient völlig in ein negatives Erleben eintaucht.

Darauf gilt es nach meiner Erfahrung um so mehr zu achten, je grundlegender die Problematik des Klienten ist. Dies scheint auch die Erfahrung von Rohde-Dachser zu sein, die in Ergänzung und Abgrenzung zur Behandlungstechnik Kernbergs (1981) schreibt: »Bei schwerer gestörten Patienten kann ein ... direktes und schnelles Vorgehen jedoch problematisch sein und unerwünschte regressive Prozesse auslösen. Man wird also gerade hier die Belastbarkeit des Patienten sehr sorgfältig einschätzen müssen, insbesondere seine Fähigkeit, sich mit ichdystonen aggressiven Inhalten zu konfrontieren« (1983, S. 207). Dies halte ich auch deshalb für wichtig, weil es durch extreme Formen sogenannter »negativer« Übertragung zu gravierenden und nur noch schwer zu beeinflussenden Störungen in der therapeutischen Beziehung bis hin zu Therapieabbrüchen kommen kann, wenn der Klient verfrüht und unvermittelt auch gegenüber dem Therapeuten sein ausschließlich negatives Erleben aktiviert.

Geschieht dies dennoch, was trotz entsprechender Unterstützung durchaus möglich ist, tue ich alles, was ich kann, damit dem Klienten möglichst bald ein erneuter Wechsel zurück auf die positiv erlebte Seite möglich wird. (Führt das nicht innerhalb relativ kurzer Zeit zum Erfolg, verzichte ich bis auf weiteres auf die Benutzung des leeren Stuhls.) Dabei achte ich genau darauf, daß diese Hilfe nicht als die Botschaft mißverstanden wird, die negativ erlebte Seite im Klienten dürfe nicht sein, denn auch mit ihr möchte der Klient natürlich gesehen und verstanden werden.

Manche Klienten sprechen diesen Wunsch direkt aus: Nach einer Sitzung, in der wir uns viel mit der Stärkung der positiv erlebten Seite in ihr beschäftigt hatten, bat mich eine Klientin einmal eindringlich, ich möge doch auf keinen Fall vergessen, daß die negativ erlebte nach wie vor vorhanden sei. Ich habe das nicht nur als Ausdruck ihrer Angst vor der nach wie vor lauernden Destruktivität in ihr verstanden, sondern auch als den berechtigten Appell, sie in ihrer Ganzheit zu sehen und ihr auch auf diese Weise bei der Überwindung der Spaltung zu helfen.

Erst wenn der Klient sich ein recht klares und stabiles Gefühl von seiner positiv erlebten Seite erarbeitet hat[40] und weiß, wie er den Zugang zu ihr wiederfindet, wenn er verlorengegangen ist – und das kann viele Sitzungen in Anspruch nehmen –, erst dann ist eine behutsame Vergegenwärtigung seiner negativ erlebten Seite sinnvoll. Diese Vergegenwärtigung muß nach meiner Erfahrung zunächst für eine längere Zeit *aus der Distanz heraus* stattfinden. Damit meine ich: Der Klient muß zwar jetzt allmählich dabei unterstützt werden, sich mit der anderen, negativ erlebten Seite in sich zu konfrontieren. Dies sollte aber auf eine Art geschehen, die die *vordergründige* Bewußtheit von der positiv erlebten Seite nicht entscheidend beeinträchtigt. Die negativ erlebte Seite muß im Hintergrund bleiben – d. h. *nicht*: ignoriert! –, sie darf erst einmal nur aus einem sicheren Abstand heraus *betrachtet* werden, und zwar anfangs durchaus so, als handele es sich dabei um etwas Äußeres.

---

[40] In Fällen weniger schwerer Spaltungen ist dieses Gefühl im Klienten bereits vorhanden und muß nicht erst erarbeitet werden. Dann kann die weitere Arbeit an diesem Punkt ansetzen.

Diagramm 7

Spaltung in Auflösung

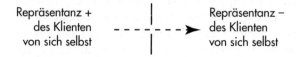

Bezogen auf die für die Bearbeitung von Spaltungen notwendige Modifikation der Selbstgespräch-Technik heißt das: Der Klient muß dabei unterstützt werden, die Identifikation mit seiner positiv erlebten Seite, die durch die szenische Assoziation mit dem *einen* Stuhl stabilisiert wird, erst einmal beizubehalten, während man ihn allmählich dazu ermutigt, sich seine negativ erlebte Seite, die szenisch durch den *anderen* Stuhl geankert wird, da erst einmal nur *vorzustellen*. Er kann sie sich dort, aus der Perspektive seiner positiv erlebten Seite, anschauen und so langsam einen Bezug herstellen. Dabei sind die szenischen Gestaltungsmöglichkeiten, die die Selbstgespräch-Technik bietet, oft hilfreich; die erwünschte Distanz zur negativ erlebten Seite läßt sich durch eine entsprechende räumliche Distanz zwischen den Stühlen darstellen und vorerst beibehalten, ja, diese räumlich fixierte Distanz macht die Konfrontation mit der anderen Seite für den Klienten gelegentlich überhaupt erst möglich. Ich habe auch schon Situationen erlebt, in denen selbst eine derartige räumlich-symbolische Distanz für den Klienten nicht ausreichend angstreduzierend wirkte. In solchen Situationen greife ich zu weiteren technischen Mitteln, die ihm die Konfrontation erleichtern können. So habe ich z. B. schon manchmal positive Erfahrungen mit dem Vorschlag gemacht, der Klient möge sich seine negativ erlebte Seite zunächst nur wie ein Foto oder ein Fernsehbild vorstellen.
Erleichterungen dieser Art sind nach meiner Erfahrung nicht nur wirksam, sie haben auch den Vorteil, die wünschenswerte und mögliche Identifizierung des Klienten mit seiner positiv erlebten Seite von Anfang an zu etablieren und zu stabilisieren. Es gibt auch andere technische Versuche, die hinsichtlich der vorläufigen Distanzierung gegenüber der negativ erlebten Seite vermutlich ähnlich wirksam sind, zugleich aber den erwähnten Vorteil ungenutzt lassen: Janssen und Wecke empfehlen, »... in der Dialog-Ar-

beit von vorneherein einen dritten Stuhl zu benutzen, von dem aus der Patient die Pole seines Konflikts aus einer neutralen, disidentifizierten Position betrachten kann« (1994, S. 42).

Auch wenn ich dieses Vorgehen für einen unnötigen Umweg halte, stimmt es in dem zentralen Punkt mit meiner Ansicht überein: Es ist in dieser Phase der Arbeit nach meiner Erfahrung *kontraindiziert,* den Klienten zu einem psychischen und szenischen Wechsel aufzufordern, ihn um die Identifikation mit seiner negativ erlebten Seite zu bitten und ihm vorzuschlagen, sich auf den anderen Stuhl zu setzen.

Ich habe im Verlauf solcher therapeutischen Prozesse häufig beobachtet, daß die negativ erlebte Seite des Klienten, die er auf meine Aufforderung hin aus der Perspektive der positiv erlebten visualisierte, ihm ausgesprochen fremd oder wie eine ganz andere Person vorkam, in der er, wenn überhaupt, nur mit Mühe eine Seite von sich selbst erkennen konnte[41]. Ich halte das für den stimmigen Ausdruck der bestehenden Spaltung. »This is what characterizes dissociations. The person concerned cannot relate from one part to the other. Only someone other than them can see it, recognize it and put them in the know of it« (Khan, 1974, S. 249[42]).

Es wäre für mein Gefühl aber falsch, den Klienten bereits an dieser Stelle zum Übernehmen von Verantwortung für seine andere Seite aufzufordern, auch wenn er sie in einem existenziellen Sinne natürlich hat. Er *kann* dies, solange die Spaltung besteht, mit emotionaler Beteiligung nicht tun, weil er sich gerade auf seiner positiv erlebten Seite befindet. Wenn er es täte, dann nur, indem er einen inneren Wechsel vollzöge, der, wie ich oben beschrieben habe, noch wenig hilfreich ist und dem Wesen der Spaltung zufolge dazu führen muß, daß er nunmehr aus der Perspektive der negativ erlebten Seite heraus keine Verantwortung für die positiv erlebte mehr empfindet.

---

[41] Ich verstehe es als einen Hinweis auf das mögliche Vorliegen einer Spaltung, wenn ein Klient ein Selbstgespräch zwischen zwei Seiten in sich so führt, als handele es sich dabei nicht um zwei Seiten *in ihm selbst,* sondern um ein Gespräch einander fremder, verschiedener Personen.

[42] »Das ist es, was Dissoziationen charakterisiert. Die betroffene Person kann keine Verbindung von einem Teil zum anderen herstellen. Nur jemand anders als sie selbst kann die Verbindung sehen, erkennen und die Person davon in Kenntnis setzen.«

Manche Menschen vollziehen den Mechanismus der Spaltung sehr extrem. Sie verhalten sich gegenüber den verschiedenen Seiten ihrer Persönlichkeit nicht nur so, *als ob* diese verschiedene Personen seien, sondern *halten* sie für verschiedene Personen. Sie haben manchmal eigene Namen für jede dieser Seiten, und wenn sich eine von ihnen zu Wort meldet, wechseln sie ihren gesamten Habitus und *werden* für eine gewisse Zeit zu einer ihrer mittels der Spaltung geschaffenen Teilpersönlichkeiten (vgl. Brallier u. Hoffman, 1971, oder die sich häufende Literatur zur neuen Mode-Diagnose »Multiple Persönlichkeit«). Es gibt auch Menschen, denen äußerlich nicht viel anzumerken ist, weil die abgespaltenen Aspekte ihrer Person sich nur für sie selbst, z. B. in Form von Stimmen in ihrem Kopf, bemerkbar machen.

Bei der Arbeit mit solchen Menschen ist von besonderem Gewicht, was ich auch ansonsten für wichtig halte: Es kann nie darum gehen, dem Klienten mehr oder weniger deutlich zu vermitteln, er *müsse* Verantwortung übernehmen; es geht vielmehr darum, ihn dabei zu unterstützen, daß er Schritt für Schritt seine Verantwortung auch für jene Seiten von sich selbst *entdeckt,* die ihm bislang fremd vorkamen. Diese Entdeckung der eigenen Verantwortung ist dann keine ›Last‹, die zu *tragen* wäre. Sie ist eine Befreiung, nämlich die Befreiung von der Illusion der Verantwortungslosigkeit und der Unmöglichkeit, auf das eigene Leben Einfluß zu nehmen. Entdeckte Verantwortung bedeutet darum oft, daß Hoffnung auf Besserung entsteht.

Es vergeht in der Arbeit an Spaltungen meistens eine längere Zeit, bis der Klient auch gefühlsmäßig entdeckt, daß jene andere Seite, die er sich aus der Perspektive seiner positiv erlebten Seite vorstellt, ein Teil seiner selbst ist. Das ist oft eine sehr beängstigende, manchmal aber auch erleichternde Erfahrung für den Klienten. Wenn dies passiert, ist es jedenfalls als Ausdruck der Tatsache zu verstehen, daß allmählich ein Bezug zwischen beiden Seiten entstanden ist. Auf dem Weg dahin helfe ich dem Klienten, wie gesagt, dabei, zunächst seine negativ erlebte Seite nur aus einer inneren (oder bei Verwendung des leeren Stuhls auch aus einer räumlichen) Distanz heraus zu betrachten, sich aber – noch – nicht mit ihr zu identifizieren.

Erst nachdem ein erster Bezug aufgenommen ist, der durch ein solches Betrachten entsteht und die Rigidität der Spaltung etwas relativiert, mache ich technische Vorschläge, die *in Richtung* auf eine Identifikation des Klienten mit seiner negativ erlebten Seite gehen, diese aber noch nicht herbeiführen. So bitte ich den Klienten vielleicht sich *vorzustellen*, was in jener anderen Seite, die er vor seinem inneren Auge betrachtet, vorgehen *könnte*, und *mir* diese *Vermutungen* mitzuteilen. Mit der Bitte, sich immer wieder an *mich* zu wenden, trage ich dazu bei, eine vorschnelle Identifikation mit der negativ erlebten Seite zu verhindern und das Erleben des Klienten von unserer Beziehung und meiner unterstützenden Zuwendung wachzuhalten.

So kann ein erstes Selbstgespräch beginnen, das quasi hypothetischen Charakter hat. Wie das konkret aussehen kann, werde ich am Ende dieses Abschnitts an einem Beispiel zeigen. In einem solchen ›hypothetischen‹ Selbstgespräch identifiziert der Klient sich zunächst noch nicht abwechselnd mit beiden Seiten, sondern die Identifikation bleibt noch primär auf der positiv erlebten Seite, während die negativ erlebte aber schon indirekt zu Wort kommt. Damit entsteht, nach dem Betrachten der anderen Seite, ein zweiter Bezug. Mit jeder Zunahme von Bezügen wird die Macht der Spaltung geringer, und der Klient macht wiederholt die ermutigende Erfahrung, daß die positiv erlebte Seite in ihm eine gewisse Konfrontation mit der negativ erlebten bewältigen kann, ohne dabei in existentielle Gefahr zu geraten.

Durch diese Erfahrungen wird die positiv erlebte Seite im Klienten gestärkt. Im weiteren Verlauf der Arbeit wird damit eine direktere Konfrontation, also das Herstellen eines unmittelbareren Bezugs zwischen beiden Seiten, möglich. Jetzt wird es langsam sinnvoll, den Klienten gelegentlich zu einer kurzen Identifikation auch mit seiner negativ erlebten Seite einzuladen. Dabei achte ich sorgfältig darauf, wie der Klient auf eine solche Einladung reagiert. Seine Reaktionen, z. B. Panik, Schreck, Zögern oder auch Neugierde, geben Hinweise darauf, ob der Zeitpunkt für den entsprechenden inneren Schritt im Klienten für ihn paßt. Ich spreche mit ihm zunächst über seine Reaktion und bleibe bereit, mein Gefühl für das Timing durch ihn korrigieren zu lassen.

Scheint der Zeitpunkt richtig zu sein, beschäftige ich mich mit dem Klienten zunächst noch einmal mit seiner *Phantasie* davon, was geschehen *würde*, wenn er sich kurzfristig mit der negativ erlebten Seite in sich identifiziert. Auch hieraus ergeben sich oft noch wichtige Hinweise für das weitere Vorgehen. Erst nach dieser Vorklärung ermutige ich den Klienten, das Experiment auszuführen. Bei meinen Instruktionen achte ich darauf, daß sie Formulierungen wie »für einen Moment« oder »mal kurz« enthalten, die dem Klienten dabei helfen sollen, die Identifikation mit seiner negativ erlebten Seite relativ bald wieder zu beenden und zur positiv erlebten zurückzukehren.

Entsprechend gehe ich dann auch vor: Ich fordere den Klienten die ersten Male schon nach kurzer Zeit wieder dazu auf, zu der positiv erlebten Seite in sich zurückzukehren. Das hält seine Angst in einem erträglichen Rahmen. Außerdem erscheint es mir äußerst wichtig, daß die negativ erlebte Seite in ihm nicht die Chance erhält, die Situation zu dominieren oder gar in der Form einer in solchen Fällen oft sehr intensiven negativen Übertragungsreaktion die unterstützende Wirkung unserer Beziehung zu beeinträchtigen. Wenn es dem Klienten einige Male gelungen ist, den Wechsel von der einen Seite auf die andere *und zurück* zu vollziehen, und er nicht in Gefahr war, auf der negativ erlebten Seite in sich hängenzubleiben, ist die Spaltung allmählich überwunden und an ihre Stelle ein Konflikt getreten.

Damit hat sich meist auch die Valenz der beiden Repräsentanzen insofern verändert, als sie nun nicht mehr als ausschließlich oder extrem positiv bzw. negativ empfunden werden. Im folgenden Diagramm habe ich darum das »+«- bzw. das »–«-Zeichen durch die Buchstaben »A« und »B« ersetzt, wie sie schon in Diagramm 1 (Kapitel 3.2.) zu finden waren. Denn an diesem Punkt des Therapieverlaufs wird es möglich, ein ›normales‹ Selbstgespräch zu beginnen, das den nun schon einigermaßen vorhandenen Bezug zwischen beiden Seiten weiter festigt.

Diagramm 8

Konflikt (nach aufgelöster Spaltung)

Mit dieser Feststellung komme ich auf den scheinbaren Widerspruch zurück, auf den ich am Anfang dieses Abschnittes hingewiesen hatte. Er bezog sich einerseits auf meine Behauptung, die Indikation für die Anwendung der Selbstgespräch-Technik bestehe in dem Vorliegen eines Konfliktes im Klienten, und andererseits auf die Aussage, auch Spaltungen stellten eine Indikation für diese Technik dar. Da Spaltungen, wie ich oben ausführlich dargelegt habe, gerade dazu dienen, ein konflikthaftes Erleben zu verhindern, wirken beide Behauptungen auf den ersten Blick widersprüchlich.

Dessenungeachtet besteht zwischen Konflikten und Spaltungen jedoch auch eine wichtige Gemeinsamkeit. Sie liegt in der Desintegration gegensätzlicher Seiten einer Person. Diese Desintegration ist im Falle von Spaltungen insofern weiter fortgeschritten als im Falle von Konflikten, als die betreffende Person versucht, »... die durch sie erzeugte Unlust um jeden Preis zu vermeiden, sei es durch gewaltsame Verleugnung oder Abspaltung des Gegenteils« (Ciompi, 1988, S. 256). Man könnte sagen, der Konflikt ist auf eine Weise verschärft, daß er gar nicht mehr als solcher erlebt werden kann; – oder noch einmal anders: Eine Spaltung ist ein extremer psychischer Konflikt, der nur durch Vermeidung des konflikthaften Erlebens selbst von dem Betreffenden zu ertragen ist.

So gesehen löst sich der scheinbare Widerspruch auf, und es ist daher nur allzu (psycho-)logisch, daß für die Bearbeitung einer Spaltung die behutsame Einführung der Selbstgespräch-Technik indiziert sein kann. Denn diese Technik stellt implizit den Bezug der voneinander abgespaltenen Seiten der Person her und ist darum geeignet, zur Überwindung der intrapsychischen Konfliktvermeidung beizutragen. Ist aus der Spaltung mit der Zeit ein Konflikt geworden, kann dieser mit derselben Technik weiter bearbeitet und schrittweise einer Lösung zugeführt werden.

Damit ist die phasenspezifische Zuordnung dieser Form der Selbstgespräch-Technik zur *Stagnation* auch klar: Die Beschäftigung mit einer Spaltung geht in aller Regel der Phase der Polarisation *voraus,* da diese Phase ja typischerweise durch eine *gegenseitige Bezugnahme* kontroverser Seiten der Person gekennzeichnet ist: Wo (noch) kein Bezug zwischen solchen Seiten existiert, gibt es (noch) keine Polarisation. Außerdem erweist sich nach meiner Erfahrung der aus einer Spaltung hervorgehende Konflikt häufig

als einer zwischen falschen Alternativen, die dann im nächsten Schritt im Sinne eines unfruchtbaren Selbstgesprächs bearbeitet werden können. Daraus kann sich, wie oben gezeigt, ein fruchtbares Selbstgespräch entwickeln zwischen zwei Seiten eines Konflikts, der aus echten Alternativen besteht.
Die vorangegangenen Überlegungen zur gestalttherapeutischen Technik im Umgang mit Spaltungen habe ich, wie schon erwähnt, aus meinen Erfahrungen in der Arbeit mit entsprechenden Klienten abgeleitet. Obwohl sie also in einem gestalttherapeutischen Kontext entstanden sind, weisen sie doch viele Parallelen zu bestimmten psychoanalytischen Strategien auf. Die folgende Aussage von Rohde-Dachser beschreibt die von mir vorgeschlagene Strategie bei der Bearbeitung von Spaltungen noch grundsätzlicher: »Im Gegensatz zu den meisten neurotischen Patienten kann diese Bündnisfähigkeit (gemeint ist die Fähigkeit, ein »Arbeitsbündnis« einzugehen – F.-M. St.) hier also nicht von vornherein vorausgesetzt werden; im Gegenteil: Die Borderline-Therapie kann auch als ein dauerndes Ringen verstanden werden, mit den gesunden Ich-Anteilen des Patienten in Kontakt zu treten und diese allmählich so weit zu stärken, daß der Patient Distanz zu den pathologischen Bereichen seiner Persönlichkeit gewinnen kann, um *dann* im Pakt mit dem Analytiker seine Störung zu bearbeiten« (1983, S. 197 f. – Hervorhebung im Original).
Anhand eines Berichtes aus der Arbeit mit einer meiner Klientinnen möchte ich die Anwendung der modifizierten Selbstgespräch-Technik zur Bearbeitung von Spaltungen abschließend veranschaulichen.

Diese Frau, die sich über weite Strecken ihrer bereits längere Zeit andauernden Therapie mit den psychischen Folgen der Tatsache auseinanderzusetzen hatte, daß ihr Vater während ihrer Kindheit seine Macht ihr gegenüber sexuell mißbraucht hatte, war nach einiger Zeit dahin gekommen, die Sexualität mit ihrem Freund zum ersten Mal in ihrem Leben richtig genießen zu können. Nachdem diese Veränderung, die zunächst nur sporadisch wirksam gewesen war, sich dann stabilisiert hatte und dauerhaft wirksam blieb, belebte meine Klientin ein psychisches Muster wieder, das sie zu einem früheren Zeitpunkt in der Therapie häufig gezeigt hatte: Sie redete sich ein, die traumatischen Erfahrungen mit ihrem Vater gar nicht

tatsächlich erlebt zu haben, sondern sich diese »nur einzubilden«.
Nun tat sie dies aber aus einer völlig anderen Motivation als zuvor. Ihre ›Begründung‹ lautete nun folgendermaßen: Wenn sie nach ›nur‹ zwei Jahren intensiver Therapie ihre Sexualität nunmehr dauerhaft genießen konnte, dann war das doch geradezu als Beweis dafür anzusehen, daß die Geschichte mit ihrem Vater gar nicht tatsächlich stattgefunden haben konnte. Unterstützt fühlte sie sich in dieser Ansicht paradoxerweise durch die mit ihr befreundete Mitarbeiterin eines Frauenhauses, die zwar sicher nicht direkt ihre Zweifel an der Glaubwürdigkeit ihres Erinnerungsvermögens schürte, ihnen aber indirekt Vorschub leistete, indem sie gelegentlich die Theorie vertrat, Frauen mit einer solchen Vergangenheit könnten ihre Sexualität später nie mehr wirklich mit einem Mann genießen. Meine Klientin leitete aus dieser Theorie für sich logisch ab, ihre Traumatisierung könne wohl nur eingebildet gewesen sein, wenn sie nunmehr Lust mit ihrem Freund empfand.
Als wir ihren Empfindungen nachgingen, zeigte sich, daß sie die Abspaltung ihrer Vergangenheit und der entsprechenden Gefühle, die sie zuvor bereits mehrfach mit entsprechender emotionaler Beteiligung aufgehoben hatte, nun erneut vollzog, weil sie hoffte, dadurch verhindern zu können, daß die Vergangenheit sie noch einmal einholte. Da sie die lange vermißte Lust nun endlich erleben konnte, wollte sie den Fortschritt jetzt auf diese Weise ›absichern‹. Als ihr das klarwurde, erkannte sie auch die Gefahr, die darin lag, auf den Mechanismus der Spaltung zurückzugreifen und sich so einen Teil ihrer selbst wieder unzugänglich zu machen, zu dem sie sich zuvor eine Verbindung und u. a. gerade damit den erreichten Fortschritt erarbeitet hatte. Von daher entstand in ihr der Wunsch, diese Verbindung wiederherzustellen. Aber natürlich wuchs sofort auch die Befürchtung, die Folgen der Vergangenheit könnten sie erneut überwältigen und ihre Lust wieder zerstören.
Mit ihrer Vergangenheit verband sie ein Erinnerungsbild von sich als kleinem Mädchen. Ich schlug ihr daher nun vor, *als die erwachsene Frau*, die ihre Sexualität seit einiger Zeit genießen konnte, sich das kleine Mädchen, *das sie einmal gewesen war*, auf dem leeren Stuhl vorzustellen.

Diese Instruktion hat zwei wichtige Implikationen, auf die ich mit den Hervorhebungen hinweisen will. Die erste Implikation liegt in der Betonung ihres jetzigen, positiven Zustands und dient seiner Stabilisierung. Von Anfang an unterstützte ich die Identifikation mit der positiven Seite; im gesamten weiteren Verlauf lud ich die Klientin *nicht* zu einer Identifikation mit der anderen, von ihr negativ erlebten Seite des kleinen Mädchens ein. Die zweite Implikation liegt in der Rede von dem »Mädchen, das sie einmal gewesen« war. Ich deute damit die *Verbindung* zwischen diesem Mädchen und der heutigen Frau an, die hier eine lebensgeschichtliche war. Die allmähliche Aufnahme einer Verbindung ist ja Gegenstand der Arbeit an Spaltungen.

Als meine Klientin, nachdem wir einige Schwierigkeiten überwunden hatten, ein einigermaßen plastisches Bild von sich als kleinem Mädchen vor ihrem inneren Auge hatte, machte ich ihr einen weiteren Vorschlag, der in anderer Form dieselben Implikationen enthielt. Ich sagte zu ihr, sie möge einmal versuchen, dem kleinen Mädchen davon zu berichten, wer sie inzwischen geworden sei und wie es ihr heute ginge.

Es fiel ihr zunächst nicht leicht, das zu tun. Zuviel Ablehnung der Eigenschaften und Verhaltensweisen jenes kleinen Mädchens stand erst noch im Weg und machte es notwendig, zunächst ein gewisses Verständnis dafür aufzubringen, warum dieses Mädchen sich aus seiner Not heraus damals auf eine Weise verhalten hatte, die der Klientin heute sehr unsympathisch war.

Dann aber begann sie allmählich, dem kleinen Mädchen ihre Geschichte zu erzählen, und je mehr sie das tat, desto bewegter wirkte sie dabei. Ab und zu fragte ich sie danach, was sie von den Reaktionen des kleinen Mädchens auf ihre Erzählung bemerkte. Und sie beschrieb eine langsame Wandlung in der Haltung dieser von ihr visualisierten anderen Seite von sich: Das Mädchen, das anfangs mißtrauisch und abweisend zu ihr hergesehen hatte, wirkte zunehmend interessierter und aufgeschlossener auf sie. Einmal, zu einem späteren Zeitpunkt in unserer zweistündigen Sitzung, war ihr sogar, als habe das Mädchen sie etwas gefragt.

Es handelte sich um eine scheue Zwischenfrage zu der Erzählung der Klientin. Nun bat ich sie, sich *kurz* auf den leeren Stuhl zu setzen und die Frage noch einmal *aus der Perspektive des Mädchens* zu stellen[43]. Meine Klientin zögerte einen Moment, wechselte dann jedoch den Platz und stellte die Frage. Daraufhin forderte ich sie auf, wieder ihren ursprünglichen Platz einzunehmen, und fragte sie danach, wie es ihr dabei gegangen war, für eine kurze Zeit die andere Perspektive einzunehmen. Sie sagte, es sei ihr etwas unheimlich, wenn auch erträglich gewesen, sie sei aber meiner Aufforderung zur Rückkehr auf ihren alten Platz gerne nachgekommen. Da unsere Zeit zu Ende ging, bestätigte ich noch ihre erwachsene Haltung und schloß die Sitzung dann ab.

Ich habe dieses Beispiel zur Veranschaulichung ausgewählt, weil sich in ihm in zeitlich verdichteter Form das zuvor theoretisch beschriebene Vorgehen in der Bearbeitung von Spaltungen mittels der modifizierten Selbstgespräch-Technik wiederfindet und dadurch eine überschaubare Darstellung möglich wird.

Insofern kann das Beipiel zwar als repräsentativ für mein prinzipielles Vorgehen mit dieser Technik bei der Arbeit mit Spaltungen gelten, nicht aber für den allgemeinen Therapieverlauf. Dieser ist nicht selten geprägt von langen Phasen des Stillstands, der immer wieder erforderlichen Konsolidierung der therapeutischen Beziehung, der Aufklärung von Übertragungsvorgängen, von Rückschlägen, von manchmal mühevollem Wiedererarbeiten zuvor schon ein- oder mehrmals erfolgter Veränderungsschritte und weiteren Komplikationen (vgl. z.B. Volkans, 1978, Beschreibung der »Überflutung durch das Gefühl«). Alle diese Schwierigkeiten sind in der Regel zu erwarten. Sie ergeben sich daraus, daß Klienten, die ihre subjektive Realität durch eine ausgeprägte Verwendung von Spaltungen strukturieren und zu bewältigen versuchen, meist eine Reihe einschneidender Probleme in vielen Lebensbereichen mitbringen. Sie stellen damit hohe Anforderungen an den

---

[43] Die Hervorhebungen sollen wiederum auf Implikationen der Intervention hinweisen: Die erste Aufforderung zum Wechsel der Perspektiven enthielt den ausdrücklichen Hinweis darauf, das nur *kurz* zu tun. Außerdem war auch noch nicht von einer Identifikation mit dem Mädchen die Rede, sondern nur davon, dessen *Perspektive* einzunehmen.

Therapeuten, die nur mit viel Gelassenheit, Engagement und Ausdauer gemeistert werden können.

3.3.2. Die Phantasiegespräch-Technik

»Zur Arbeit brauche ich mein Geschick, den sogenannten heißen Stuhl, ... den leeren Stuhl, der die Aufgabe hat, Rollen zu übernehmen, die ihr verworfen habt, und andere Leute aufzunehmen, die wir brauchen, um unser Drehbuch zu verstehen« (Perls, 1976, S. 143 f.). – In diesem Zitat kann man, wenn man will, eine bereits von Perls selbst angedeutete Unterscheidung der Selbstgespräch- von der Phantasiegespräch-Technik sehen: Der leere Stuhl, so könnte man Perls verstehen, hat *entweder* die Funktion, »verworfene« psychische Aspekte des Klienten zu repräsentieren, also Repräsentanzen *seiner Person* symbolisch darzustellen, oder aber die Repräsentanzen *»anderer Leute«* aufzunehmen. Um diese zweite Funktion des leeren Stuhls, um die von mir sogenannte Phantasiegespräch-Technik, wird es in diesem Abschnitt gehen.

Als ich bei meinen Vorarbeiten zu diesem Text die Transkripte in den Büchern von Perls (1974, 1976, 1980; Perls u. Baumgardner, 1990) noch einmal durchging, um sie auf ihre technischen Implikationen hin zu erforschen und nach Beispielen für die Anwendungsvarianten der Techniken durch Perls selbst zu suchen, fiel mir etwas auf, das mich überraschte: Perls hat die Selbstgespräch-Technik offenbar wesentlich häufiger benutzt als die Phantasiegespräch-Technik. Und wenn er mit der letzten arbeitete, tat er das in der Regel nur relativ kurz und ging dann recht schnell wieder zu einer anderen Strukturierung der Situation über; mit Vorliebe nahm er die Selbstgespräch-Technik wieder auf.

Diese Gewichtung war mir zuvor nicht bewußt gewesen; sie entsprach auch nicht dem Bild von der Technik der Gestalttherapie, das mir früher vermittelt worden bzw. in mir entstanden war. In diesem Bild hatten beide Techniken, sofern sie überhaupt voneinander unterschieden wurden, ziemlich gleichberechtigt nebeneinander existiert. Als ich einsehen mußte, daß es sich hier, jedenfalls was Perls' Arbeit selbst anging, um ein Zerrbild gehandelt hatte, wurde ich natürlich neugierig und wollte herausfinden, welche Motive oder Überlegungen Perls wohl gehabt haben mochte –

falls sie ihm bewußt waren –, die eine Technik gegenüber der anderen so eindeutig zu bevorzugen.

Meine intensiven Recherchen in allen veröffentlichten Äußerungen von Perls zu Fragen der Therapietechnik ergaben nur einen einzigen Hinweis, von dem ich allerdings sagen muß, daß ich ihn möglicherweise überinterpretiere. Er findet sich in dem Zitat am Anfang dieses Abschnitts. Dort sagt Perls, der leere Stuhl diene u. a. dazu, »... andere Leute aufzunehmen, die wir brauchen, *um unser Drehbuch zu verstehen*« (– meine Hervorhebung). Die von mir sogenannte Phantasiegespräch-Technik hätte demnach die Funktion, die besonderen Erlebens- und Verarbeitungsweisen (»Drehbuch«) des Klienten in bezug auf wichtige Bezugspersonen verständlich werden zu lassen.

Anders gesagt, die andere Person, die der Klient im Zusammenhang mit der Anwendung der Phantasiegespräch-Technik auf dem leeren Stuhl visualisieren soll, bekommt von Perls meist gar keine große Bedeutung beigemessen. Ihre Vergegenwärtigung durch den Klienten soll nur eine bestimmte Funktion erfüllen, nämlich die, ihm dabei zu helfen, daß er *sich selbst* besser versteht, daß *seine eigenen* psychischen Mechanismen ihm deutlicher werden. Wenn man das ernst nimmt und eine gewisse Systematik im Denken und Handeln von Perls unterstellt, ist es nur konsequent, daß er die Verwendung der Phantasiegespräch-Technik immer wieder aufgibt, sobald sie eine Verdeutlichung von Umgangsformen des Klienten *mit sich selbst* hervorgebracht hat. Denn in diesem Moment hat sie ihren erklärten Zweck erfüllt, und nun geht es wieder um eine *interne* Auseinandersetzung des Klienten mit Aspekten seiner *eigenen* Person, für die sich die Selbstgespräch-Technik am besten eignet.

Bei der Phantasiegespräch-Technik handelt es sich folglich *nicht,* zumindest nicht vorrangig, um ein Hilfsmittel zur Klärung von Problemen *zwischen* dem Klienten und der imaginären Person auf dem leeren Stuhl. Sie stellt vielmehr eine Methode dar, mit der der Klient Schwierigkeiten *in sich selbst* untersuchen kann. Die auf den leeren Stuhl phantasierte Person hat *nur* die Bedeutung eines Reizes, der die zu klärenden Schwierigkeiten des Klienten in ihm stimuliert und/oder prägnanter werden läßt.

Diese Funktion der Phantasiegespräch-Technik hängt natürlich mit der schlichten Tatsache zusammen, daß die phantasierte Per-

son real *nicht anwesend* ist. Darum läßt sich real auch *nichts mit ihr* austragen. Sie kann wegen ihrer nicht vorhandenen realen Präsenz auch in keiner Weise gegenüber dem Klienten Stellung nehmen oder sonstwie in das therapeutische Geschehen eingreifen. Sie ist nichts anderes als ein szenisch nach außen verlagertes Erinnerungsbild des Klienten, immer nur eine *seiner* Repräsentanzen, nie aber das eigenständige Lebewesen aus Fleisch und Blut, das sie wäre, wenn sie sich tatsächlich im Raum befände. Sie existiert in dieser Form nicht als ein vom Klienten unabhängiger Mensch mit eigenem Willen, eigener Initiative oder eigenen Gefühlen, sondern ausschließlich in Abhängigkeit von der Art und Weise des Klienten, sie zu repräsentieren.
Vielleicht ist es für manchen Leser etwas verwunderlich, daß ich diese nur allzu offensichtlichen Fakten derartig betone. Ich sehe mich dazu jedoch veranlaßt, weil ich schon oft auf Anwendungsformen der Phantasiegespräch-Technik gestoßen bin, die den erwähnten Realitäten keineswegs Rechnung tragen. Merkwürdigerweise läßt die ansonsten meist recht ausgeprägte Betonung des Offensichtlichen in der Gestalttherapie in diesem Punkt häufig zu wünschen übrig, und der Hinweis auf die Fakten findet hier gelegentlich wenig Anklang. Dies führt meines Erachtens immer wieder zu Anwendungsformen dieser Technik, die ich für mehr oder weniger gravierende Kunstfehler halte und auf die ich später in diesem Abschnitt und im Anhang zu diesem Buch noch eingehen werde. Sie können und dürfen keinesfalls mit dem Hinweis darauf bagatellisiert werden, daß sie in großer Zahl begangen werden, wie Fuhr (1992, S. 60) es mir zu tun scheint.
Auf eine andere, in meinen Augen besonders problematische Form des Mißbrauchs therapeutischer Macht mit Hilfe dieser Technik möchte ich schon an dieser Stelle deutlich hinweisen. Sie besteht darin, daß der Therapeut seinem Klienten, der sich z. B. mit persönlichen Schwierigkeiten in der Beziehung oder mit Kritik an ihn wendet, antwortet, er solle sich damit an den leeren Stuhl wenden. Der Therapeut reagiert also nicht direkt, er antwortet nicht unmittelbar auf den Klienten, sondern lenkt durch die Einführung der Technik von sich ab und verweist den Klienten statt dessen ans Mobiliar. Für diejenigen Leser, die einen derartigen Vorgang nicht selbst miterlebt oder in der Literatur nachgele-

sen haben, mag eine solche Reaktion des Therapeuten absurd und untherapeutisch erscheinen. Sie ist es in meinen Augen auch.
Dennoch ist sie leider kein Einzelfall. Ich habe mich an anderer Stelle (Staemmler, 1993, S. 136 ff.) schon ausführlich mit einem Transkript von Petzold (1980, S. 263 ff.) auseinandergesetzt, das diesem Muster folgt. Man kann jedoch auch bei Perls selbst Beispiele finden, in denen er sich der persönlichen Stellungnahme und erforderlichen Transparenz der eigenen Person auf diese Weise entzog. Ich gebe im folgenden zwei Ausschnitte aus der berühmten Arbeit von Perls mit »Gloria« wieder, die man nicht nur im Transkript, sondern auch im Film verfolgen kann.[44]

»Gloria: (…) Ich würde Sie gern etwas fragen, weil ich das Gefühl habe, daß Sie mich von Anfang an nicht mögen, und ich möchte wissen, ob es so ist.
Perls: Können Sie jetzt Fritz Perls spielen, der Gloria nicht mag? Was würde er sagen?« (vgl. Perls, 1980, S. 239).
Und später, während derselben Sitzung:
»Gloria: Ich denke immer noch, daß Sie mich verurteilen. Wissen Sie, was ich glaube? Sie haben sich noch nie in Ihrem Leben so gefühlt, sie fühlen sich so sicher, daß Sie sich nicht so fühlen müssen … Jeden, der sich so fühlt, verurteilen Sie, falsch zu sein.
Perls: Gut. Jetzt spielen Sie mal Fritz, wie er verurteilt.
Gloria: Sie tun das. Sie sitzen da oben auf ihrem alten Sessel …
Perls: Spielen Sie Fritz: ›Ich bin Fritz, ich verurteile …‹ Verurteilen Sie mich jetzt!
Gloria: Ich fühle mich Ihnen überhaupt nicht nah, Dr. Perls. Ich fühle mich zurückgezogen. Ich habe den Eindruck, Sie spielen ein einziges großes Spiel mit mir« (a.a.O., S. 241 f.[45]).
Obwohl Gloria auch mit ihrer letzten Aussage wieder unzweideutig die Beziehungsebene zwischen Perls und sich thematisiert, geht dieser auch im weiteren nicht direkt darauf ein, sondern deflektiert

---

[44] Die Filmaufnahme entstand im Rahmen eines Projekts mit dem Titel »Three Approaches to Psychotherapy« (»Drei psychotherapeutische Ansätze«), bei dem Carl Rogers, Albert Ellis und Fritz Perls jeweils eine halbe Stunde mit derselben Klientin arbeiteten.
[45] Die an dieser und der vorangegangenen Stelle wiedergegebene Übersetzung ist ungenau. Ich habe sie auf der Basis des Originaltextes im Film überarbeitet.

und vermeidet den unmittelbaren Kontakt. Dieses Vorgehen gilt nach den heute allgemein akzeptierten Kriterien als nicht gestalttherapeutisch: Der Vorrang der unmittelbaren Beziehung rückt zugunsten einer von der Technik dominierten Strategie in den Hintergrund. Wie Gloria später rückblickend schrieb, fühlte sie sich nach der Sitzung am Boden zerstört (»shattered« – vgl. Dolliver et al., 1980, S. 141), was sicher zum Teil auch auf die hier zitierten Interaktionen zurückzuführen ist, durch die sie keinerlei Bestätigung für ihr Erleben der Situation und ihr Bemühen um Kontakt mit Perls erhielt.

Aus dieser und ähnlichen Erfahrungen läßt sich meines Erachtens die Lehre ziehen, daß die Phantasiegespräch-Technik nicht als Ersatz für die direkte, persönliche Auseinandersetzung zwischen den real anwesenden Personen eingesetzt werden darf. (Es ist interessant, sich Rogers' Gespräch mit Gloria zum Vergleich anzusehen. Er stellt sich der Auseinandersetzung ganz anders und viel direkter als Perls. – Vgl. Rogers, 1977, S. 142 ff.)

Mit den vorangegangenen Hinweisen auf mögliche Mißgriffe des Therapeuten bei der Verwendung der Phantasiegespräch-Technik habe ich schon angedeutet, daß ich diese Technik für weniger leicht zu handhaben halte als die Selbstgespräch-Technik. Bei der Verwendung der Phantasiegespräch-Technik scheint mir die Gefahr einer schädlichen Handhabung wesentlich größer. Das gilt nicht so sehr für die monologische Form, sondern, wie die Ausschnitte aus Perls' Arbeit mit Gloria zeigen, besonders für die dialogische Form, bei deren Anwendung die vom Klienten imaginierte Person X durch den Mund des Klienten zu Wort kommt. Auf beide Formen dieser Technik will ich im weiteren separat eingehen.

3.3.2.1. Monologische Form

Will man die Phantasiegespräch-Technik in ihrer monologischen Form in den therapeutischen Prozeß einführen, so ist es am unmißverständlichsten, sie dem Klienten im Sinne der folgenden Instruktion vorzuschlagen: »Stell' dir einmal vor, X säße hier vor dir auf dem leeren Stuhl. Achte darauf, was diese Vorstellung in dir auslöst, und sprich zu X, als ob er hier wäre. Sage X, was Du ihm gegenüber denkst und empfindest.«

Eine derartige Instruktion enthält die Botschaften,
(1) daß X in der gegebenen Situation nur in Form einer Vorstellung des Klienten existiert,
(2) daß der Klient *nicht mit,* sondern *nur zu* X sprechen kann, *als ob* dieser anwesend wäre – etwa so, wie man sich beim Briefeschreiben an eine abwesende Person wendet; man bekommt *währenddessen* keine Antworten –,
(3) daß der Fokus der Aufmerksamkeit bei den Gedanken und Empfindungen *des Klienten* liegt.

Diagramm 3 (Wiederholung)

Phantasiegespräch-Technik, monologische Form

Repräsentanz des Klienten von Person X

Repräsentanz des Klienten von sich selbst

Dem Klienten diesen Vorschlag zu machen, ist natürlich nur dann indiziert, wenn die von ihm zur Sprache gebrachte Problematik einen für den Klienten *wichtigen inhaltlichen Bezug* zu jener anderen Person erkennen läßt. Ist das nicht der Fall, wirkt die künstliche Herstellung eines Bezugs zu einer anderen Person auf den Klienten in der Regel eher verwirrend oder ablenkend und trägt damit nicht zur Prägnanz seines Erlebens bei.

Greift der Klient den Vorschlag auf, ist es im weiteren die Aufgabe des Therapeuten, den Klienten in der Bewußtheit von seinen Verhaltens- und Erlebensweisen zu unterstützen und darauf zu achten, ob und inwiefern er sich bei der Befriedigung seiner Bedürfnisse im Wege steht. Auf diese Weise kann ein Thema[46] des Klienten deutlich werden, das damit der weiteren Bearbeitung zugänglich wird. Im Verlauf einer solchen Arbeit können gewisse

---

[46] Zum Begriff des Themas vgl. Staemmler, 1993, S. 232 ff.

Schwierigkeiten auftreten, von denen ich hier einige erwähnen und diskutieren will.

Eine Situation, in der viele Gestalttherapeuten diese Technik mit Vorliebe benutzen, ist die, in der ein Klient sich mit unerledigt gebliebenen ›Geschäften‹ aus früheren Lebensphasen auseinandersetzt. Es ist kaum verwunderlich, wenn in dieser Situation besonders häufig die Repräsentanzen des Klienten von seinen Eltern den leeren Stuhl einnehmen. Hierbei entsteht – manchmal im Klienten und manchmal auch im Therapeuten – Unklarheit darüber, ob das Bild der Eltern, das der Klient auf den leeren Stuhl projizieren soll, ihrer heutigen oder der damaligen Erscheinung entsprechen sollte, also dem, wie sie zur Zeit der Entstehung des unerledigten Geschäfts aussahen, genauer: wie der Klient sie von damals in Erinnerung hat.[47]

Natürlich läßt sich diese Frage nicht im Sinne einer Regel beantworten. In Abhängigkeit von der zu bearbeitenden Thematik kann das eine oder auch das andere passend sein. Wichtiger als die Frage, welche Repräsentanz von seinen Eltern der Klient aktiviert, scheint mir ohnehin die korrespondierende Frage, welche Rückwirkung die eine oder andere Entscheidung auf ihn selbst hat. Es läßt sich gelegentlich beobachten, wie die Aktivierung einer Eltern-Repräsentanz aus früherer Zeit für den Klienten zum Einstieg in eine Identifikation mit seiner Repräsentanz von sich selbst zu derselben, längst vergangenen Zeit führt. Das kann sich dann sehr schnell zu einer »Regression« ausweiten, bei der dem Klienten persönliche Ressourcen nicht mehr zugänglich sind, die er zur Erledigung seiner unerledigten Geschäfte gut gebrauchen könnte und ohne die die Re-Inszenierung der unbewältigten Situation zur schieren Wiederholung wird. Das erneute Herbeiführen ehemals traumatischer Erlebnisse kann jedoch kaum Zweck einer therapeutischen Strategie sein, wenngleich gelegentliche Regressionen natürlich nicht zu verhindern sind und vielleicht manchmal sogar positive Nebenwirkungen haben (vgl. z. B. Yalom, 1990, S. 280).

---

[47] Es kommt auch vor, daß der Klient einfach das eine oder andere tut und der Therapeut das eine oder andere vermutet, ohne zu überprüfen, ob seine Annahme zutrifft oder nicht. Das kann dann natürlich schnell zu Mißverständnissen führen, deren Ursache für die Beteiligten oft schwer zu durchschauen ist, weil sie ihre selbstverständlichen, unausgesprochenen Denkvorgänge nicht reflektieren bzw. kommunizieren.

Letztlich wird die Konfrontation mit der alten Situation therapeutisch aber nur erfolgreich sein, wenn sie auf *neue* Weise stattfindet. Damit dies geschehen kann, braucht der Klient neben der Unterstützung des Therapeuten, die ihn in einer »Regression« oft nicht mehr richtig erreicht, auch all jene Fähigkeiten und Kompetenzen, die er sich in der seit der Traumatisierung verstrichenen Zeit redlich erworben hat.

Die nachteiligen Begleiterscheinungen sogenannter »Regressionen« haben oft große Ähnlichkeit und sind manchmal identisch mit den therapeutisch unproduktiven Effekten von Prozessen, die der Klient aus einer Opfer-Perspektive heraus erlebt. In der Regel war es die Perspektive des Opfers und die mit ihr verbundene Entwürdigung seiner Person, die bestimmte Erfahrungen des Klienten für ihn traumatisch werden ließ. Die Haltung des Opfers ist darum kaum geeignet, zur konstruktiven Verarbeitung eines Traumas beizutragen; es gilt, sie zu überwinden. Auf dem Weg dahin mag es allerdings bisweilen ein erster Schritt in die richtige Richtung sein, wenn der Klient traumatische Erfahrungen, in denen er das Opfer schädlicher Handlungen anderer Menschen war, in seiner Erinnerung lebendig wiederbelebt und sich so die für ihn negativen Wirkungen vergegenwärtigt.

Ich halte es aber in solchen Situationen für eine wichtige Aufgabe des Therapeuten darauf zu achten, daß der Klient dabei nicht in der Haltung des Opfers steckenbleibt und innerhalb der Therapie eine erneute Entwürdigung erfährt. Das Wiederbeleben der Erinnerung bringt vielleicht vorübergehend das Wiedererleben der Opfer-Perspektive mit sich. Therapeutisch wirksam kann das alles aber nur werden, wenn der Klient seine heutige Identifizierung mit dieser Perspektive Schritt für Schritt auflöst und sich selbst zunehmend als die gestaltende Kraft in seinem Leben entdeckt. Nur diese Kraft wird ihm die konstruktive Verarbeitung des Traumas ermöglichen.

Ein weiteres Problem, das bei der Nutzung der Phantasiegespräch-Technik auftreten kann, besteht darin, daß es dem Klienten nicht gelingt, die entsprechende Person X auf dem leeren Stuhl zu visualisieren.[48] Das kann sehr verschiedene Gründe haben: »Die Schwierigkeit, der Instruktion ›Sprich zu deiner Mutter‹ nachzukommen, kann eine Funktion von Widerständen, kulturellen Einschärfungen oder, mit einiger Wahrscheinlichkeit, von der Schwierigkeit sein, Vorstellungsbilder zu erzeugen.[49] Wenn das letzte tatsächlich das Problem ist, wird das Experiment scheitern, und zwar nicht wegen einer falschen Hypothese oder eines unangemessenen Fokus, sondern weil das Vehikel, das zur Umsetzung der therapeutischen Arbeit gewählt wurde, nicht zum Passagier paßt. Wenn die Schwierigkeit des Klienten aber als mangelhafte Fähigkeit zur Bildung visueller Vorstellungen verstanden wird, hat der Therapeut die Wahl, sich in den Stuhl zu setzen und die Mutter zu spielen, den Klienten zum verbalen oder tatsächlichen Schreiben eines Briefes aufzufordern, ihn Fotos mitbringen zu lassen oder andere Wege zu suchen, die mehr auf der Linie der therapeutischen Ressourcen des Klienten liegen. Zu einem späteren Zeitpunkt kann die Schwierigkeit des Klienten zu visualisieren selbst zum therapeutischen Thema gemacht werden« (Melnick, 1980, S. 15[50]).

Die Schwierigkeit des Klienten, sich eine Bezugsperson auf dem leeren Stuhl vorzustellen, kann aber noch grundsätzlicher sein. Sie kann nicht nur darin bestehen, daß ein bestimmtes sinnesspezifisches Repräsentationssystem (z. B. das visuelle) unentwickelt ist, sondern vielmehr darin, daß es dem Klienten überhaupt schwerfällt, stabile Repräsentanzen von anderen Menschen (und/oder sich selbst) zu bilden, aufrechtzuerhalten und bei Bedarf zu aktivieren. Ich habe in den Abschnitten 3.2. und 3.3.1.2. schon auf solche Probleme hingewiesen[51]. Wenn der Klient mit derartigen Defiziten zu tun hat, wird die Benutzung eines leeren Stuhls sinnlos und kann für ihn zu unproduktiven Irritationen oder gar entmutigenden Erfahrungen des Scheiterns führen.

---

[48] Dasselbe gilt, bei Anwendung der Selbstgespräch-Technik, natürlich auch für die Repräsentanz B des Klienten von sich selbst und erfordert die entsprechende Aufmerksamkeit des Therapeuten und das entsprechende Vorgehen.
[49] Damit ist gemeint: Das vom Klienten bevorzugte Repräsentationssystem ist nicht das visuelle (vgl. Grinder u. Bandler, 1982, S. 14 ff.).
[50] Ich gebe dieses Zitat wegen seiner Länge nur in meiner deutschen Übersetzung wieder.
[51] Eine gute Übersicht über den Begriff der »Objektkonstanz« – auch über den davon zu unterscheidenden Piagetschen Begriff der »Objektpermanenz« – gibt Fraiberg (1969).

In einem Buch über gescheiterte Therapien, in dem auch negative Erfahrungen mit Gestalttherapien geschildert werden, habe ich ein Beispiel dafür gefunden, wie der sture Versuch der Anwendung von Techniken mit dem leeren Stuhl auf eine Klientin wirken kann, die mit ihnen, aus welchen Gründen auch immer, nichts anfangen kann. Sie schreibt ebenso vielsagend wie lapidar: »Ich sah immer nur die knatschblauen Sessel und nie die Personen, zu denen ich reden sollte« (Schütte, in: Giese u. Kleiber, 1993, S. 94).
Natürlich gibt es auch Situationen, in denen es durchaus richtig ist, wenn der Therapeut den Klienten mit einem gewissen Nachdruck dazu veranlaßt, sich die vorgeschlagene Technik zunutze zu machen. Das gilt besonders in jenen Fällen, in denen dadurch Vermeidungstendenzen des Klienten – oben war schon von »resistances« die Rede – deutlich werden können. Die Technik mit »Nachdruck« vorzuschlagen, heißt natürlich nicht, sie *gegen* den Willen des Klienten durchzusetzen zu versuchen, sondern auf ihr gerade so weit zu bestehen, wie dabei klarwerden kann, wie und wogegen der Klient sich wehrt. Die Prägnanz im Verhalten des Therapeuten kann auf diese Weise die Prägnanz im Erleben von Vermeidungstendenzen des Klienten unterstützen.
Die oben bereits diskutierte Schwierigkeit eines Klienten, sich die fragliche Bezugsperson bildlich auf dem leeren Stuhl vorzustellen, kann nämlich nicht nur mit Defiziten, sondern durchaus auch damit zusammenhängen, daß die Visualisierung unangenehme Gefühle in ihm auslöst und er sich diesen zunächst nicht stellen will. Ob dies der Fall ist, kann der Therapeut natürlich allein nie mit Sicherheit wissen, sondern nur im Dialog mit dem Klienten klären (vgl. Staemmler, 1994a). Bestätigt der Klient meine Vermutung, daß es sich um eine solche Vermeidung handelt, insistiere ich manchmal auf der Nutzung der Phantasiegespräch-Technik, indem ich ihm z. B. vorschlage, zu dem Stuhl, auf dem er die Bezugsperson noch nicht visualisiert, aber damit zugleich doch schon zu der Bezugsperson zu sagen: »Ich will dich am liebsten gar nicht sehen.« Diese oder ähnliche Handhabungen der Technik nehmen zwar die Vermeidungstendenz des Klienten ernst, kapitulieren aber nicht vor ihr, sondern fördern ihre Verdeutlichung.
Gelegentlich wehren sich Klienten gegen die Einführung der Phantasiegespräch-Technik auch mit dem Argument, sie hätten der zu visualisierenden Person gegenüber schon häufig zum Aus-

druck gebracht, was sie ihr auch jetzt wieder zu sagen hätten. Das habe aber schon bislang nichts genutzt und habe darum auch diesmal keinen Sinn. Neben der manchmal auffälligen Qualität einer Rationalisierung tritt in dieser Argumentation ein Mißverständnis zutage, das in vielen Fällen auf eine unzureichende Vermittlung des Sinns der Technik durch den Therapeuten zurückzuführen ist. Weil die auf den leeren Stuhl projizierte Person nicht real anwesend ist, kann es natürlich a priori nicht Sinn der Sache sein, ihr irgend etwas zu *vermitteln*, wie es in einem Gespräch zwischen zwei realen Personen durchaus ein Zweck der Kommunikation ist. Es kann nur darauf ankommen, daß dem Klienten *eigene* Verhaltens- und Erlebensweisen, die er in bezug auf jene Person aktiviert, deutlicher und bewußter werden. Damit zielt die Technik immer primär auf eine Veränderung im Klienten ab und nie auf eine unmittelbare Wirkung in der visualisierten Person, denn diese ist in der durch die Technik induzierten Situation prinzipiell nicht möglich.

Eine weitere Situation, die im Zusammenhang mit der Phantasiegespräch-, aber auch mit der Selbstgespräch-Technik häufiger auftritt und vom Therapeuten besondere Beachtung verlangt, ist die folgende: Der Klient spricht zu der Person auf dem leeren Stuhl, wendet sich dann dem Therapeuten zu und teilt diesem etwas über die imaginierte Person mit bzw. *kommentiert* die Gesamtsituation. Dabei handelt es sich nicht selten um eine Deflektion. Obwohl dieser Vorgang meist leicht daran zu erkennen ist, daß der Klient seine Blickrichtung ändert und anfängt, in der dritten Person zu sprechen, anstatt in der zweiten fortzufahren, wird er vom Therapeuten relativ leicht übersehen und unbemerkt toleriert oder gestützt.

Oft sind es nämlich inhaltlich interessante oder relevante Informationen, die der Klient in dieser Form gibt und die die Aufmerksamkeit des Therapeuten auf sich ziehen und ihn dabei verführen, den Wechsel der Sprechrichtung unbeachtet zu lassen. In der Folge gelingt es dem Klienten, wichtige Aussagen in ihrer Bedeutung für sich abzuschwächen oder gar nicht recht zu erfassen – eine Folge der Deflektion. Natürlich ist nicht jeder Kommentar eine Deflektion, und herauszufinden, ob er es ist, bleibt Sache zwischen Therapeut und Klient. Eine Möglichkeit, das zu tun, besteht darin, daß der Klient den Kommentar sprachlich in die zweite Person ›übersetzt‹ und szenisch als direkte Aussage an die Figur auf dem leeren Stuhl adressiert.[52] Dabei wird oft spontan für beide Beteiligten klar, welchen emotionalen Stellenwert die Aussage für den Klienten hat.

Nach diesen Überlegungen über mögliche Probleme von Klienten bei der Einführung der Phantasiegespräch-Technik möchte ich nun an einem Beispiel zeigen, wie ihre Nutzung in der monologischen Form konkret aussehen kann:

»Fritz: Kannst du deinen Papa ... akzeptieren ...?
Evelyn: Meinen Papa ...?
Fritz: Deinen Vater. Er braucht Fürsorge.
Evelyn: Papa, für dich zu sorgen, wird furchtbar hart. Ich glaube nicht, ich ... auch, ich bin mir verdammt sicher, daß ich's nicht könnte. Ich habe einfach zuviel Abneigung gegen dich: wegen der Art, wie du mit Mutter und uns sechs umgesprungen bist.
Fritz: Okay. Fang an mit: ›Papa, ich nehme dir übel ...‹
Evelyn: Papa, ich nehme dir übel, daß du soviel getrunken hast. Papa, ich nehme dir übel, daß du meine Brüder mit dem Gartenschlauch verprügelt hast. Papa, ich nehme dir übel, daß du unsere Küken umgebracht hast. Papa, ich nehme dir übel, daß du das Klavier kaputtgeschlagen hast, nur weil du es nicht leiden konntest, wie ich darauf gespielt habe. (...) (Pause) Aber ich finde es gut, daß du in all den Jahren für die Familie gearbeitet und für uns gesorgt hast.
Fritz: Mach weiter mit dem, was du anerkennst.
Evelyn: Ich finde gut, daß du uns nie im Stich gelassen hast, als deine Brüder sich von ihren Frauen getrennt haben. (...) Ich finde gut, daß du immer stolz auf mich warst, daß du immer etwas Positives über mich zu sagen wußtest, und ich finde gut, daß du ... (...)
Fritz: Weiß du, du sprichst mit ihm wie im Juristenkauderwelsch, als würdest du ihn verurteilen.
Evelyn: Sehr offiziell ... (...)
Fritz: Du läßt alle Gefühle draußen.

---

[52] In Abschnitt 3.3.2.2.1. werde ich ein Transkript zitieren, dessen Ende auch als Beispiel für die hier beschriebene Situation gelten kann. Ich werde dort auf die hiesige Stelle zurückverweisen.

Evelyn: Jedenfalls versuche ich's, weil ich fair mit ihm umgehen will.
Fritz: Sag das jetzt zu ihm.
Evelyn: Ich möchte fair mit dir sein, Papa. Jahrelang war ich nicht fair zu dir. Ich konnte dich immer nur verurteilen, verurteilen. Und wenn ich zurückschaue, weiß ich jetzt, daß so viele gute Seiten an dir gewesen sind, die ich damals nicht gesehen habe. (Pause) Und ich will nicht, daß du stirbst; ich will, daß du lebst.
Fritz: Sag das noch einmal.
Evelyn: Es gab eine Zeit, da wollte ich, daß du stirbst, jeden Tag in meinem Leben. Ich dachte immer, das Wunderbarste, was passieren konnte, wäre, aufzuwachen und dich tot vorzufinden. Aber jeden Tag warst du noch da. Jetzt bin ich verdammt froh, daß du da warst. Ich weiß nicht, was wir ohne dich gemacht hätten.
Fritz: Mach die Augen zu. Schau ihn an. Was siehst du?
Evelyn: Ich sehe einen hilflosen alten Mann.
Fritz: Sag ihm das. Immer noch mit diesem Bild vor Augen.
Evelyn: Im Grunde warst du kein Scheusal, du warst bloß ein hilfloser alter Mann. Und bist jetzt ein hilfloser alter Mann, der meine Hilfe braucht. Du bist bloß bemitleidenswert. Und keiner kümmert sich um dich, keiner will dir helfen. Keiner will dich, Papa. Nicht einer. Weil niemand dir all das verzeiht, was du getan hast.
Fritz: Versuche: ›Papa, ich verzeihe dir dies und das und jenes.‹
Evelyn: Papa, ich verzeihe dir das alles. (Sie weint.) Ich verzeihe dir das Fluchen. Ich verzeihe dir das Besoffensein. Ich verzeihe dir dein brutales Verhalten. (...) (Sie weint und schluchzt. Lange Pause.)
Fritz: Kannst du ihm sagen, daß er nun in Frieden sterben kann?
Evelyn: (Sie weint.) Du kannst in Frieden sterben.
Fritz: Was fühlst du jetzt?
Evelyn: Erleichterung. Ungeheuer große Erleichterung«
(Perls u. Baumgardner, 1990, S. 245 ff.).
Ich glaube, das Beispiel macht deutlich, daß alle drei oben aufgeführten Charakteristika für die Phantasiegespräch-Technik in

ihrer monologischen Form während des gesamten Verlaufs dieser Arbeit bestimmend bleiben: Die Klientin bezieht sich
(1) auf ein Erinnerungsbild von ihrem Vater,
(2) spricht *zu* und *nicht mit* ihm und
(3) beschäftigt sich mit Unterstützung des Therapeuten primär mit *ihren eigenen* Empfindungen.

Für meine nun folgenden Überlegungen sind alle drei Punkte, besonders jedoch der zweite, von Bedeutung. Um ihn ganz klarzumachen, möchte ich ihn noch einmal auf der konkreten Handlungsebene bestimmen: Er bedeutet, daß der Klient auf *seinem* Stuhl sitzenbleibt und vom Therapeuten *nicht* aufgefordert wird, auf den leeren Stuhl zu wechseln. Damit wird der Realität der Situation konsequent Rechnung getragen: Die auf dem leeren Stuhl *imaginierte* Person X ist nicht anwesend, kann also selbst nicht reden, auch nicht durch den Mund des Klienten. Es geht außerdem, wie gesagt, nicht darum, die Empfindungen oder Gedanken von X zu explorieren, sondern die des Klienten.

Was die phasenspezifische Indikation der Phantasiegespräch-Technik in der monologischen Form angeht, gibt es nicht viel zu sagen. Da die Person X, die der Klient sich auf dem leeren Stuhl vorstellt, im wesentlichen die Funktion eines äußeren Kristallisationspunktes für sein eigenes, inneres Erleben besitzt, läßt sie sich auch im Zusammenhang mit *jedem* möglichen Erleben des Klienten anwenden – vorausgesetzt natürlich, daß es sich für den Klienten in bezug auf eine bestimmte Person kristallisiert. Die Phantasiegespräch-Technik ist phasenunabhängig zu benutzen und kann den Klienten zu jedem Zeitpunkt in seiner Bewußtheit unterstützen, gleichgültig, welche Gestaltqualität sein Erleben gerade annimmt.

Ich möchte am Ende dieses Abschnitts noch explizit formulieren, was zwischen den Zeilen schon zum Ausdruck gekommen ist: Ich halte die monologische Form der Phantasiegespräch-Technik für die konsequenteste, unproblematischste und darum empfehlenswerteste Art, mit ihr zu arbeiten. Sie ist nach meiner Erfahrung in vielen therapeutischen Situationen für den Klienten eine nützliche Hilfestellung, sich darüber klarzuwerden, wie er sich gegenüber bestimmten Bezugspersonen erlebt und in welche Schwierigkeiten er dabei gerät. Sie bietet ihm überdies die Chance, die in der Therapie stattfindenden Veränderungen bereits im (phantasierten)

Bezug auf diese Person zu vollziehen, wodurch der Transfer in die Alltagsrealität vorbereitet und erleichtert wird.

3.3.2.2. Dialogische Form

3.3.2.2.1. Phantasierte Reaktion

Nun gibt es allerdings weitere Möglichkeiten, mit der Phantasiegespräch-Technik zu arbeiten, die von der oben beschriebenen monologischen Form gerade in dem zweiten Punkt der genannten Kriterien abweichen. Um die sinnvolle Nutzung dieser weiteren Möglichkeiten zu gewährleisten, ist es meines Erachtens unbedingt erforderlich, die monologische Form mit den für sie wesentlichen Eigenschaften genau zu kennen und zu verstehen. Wenn man sie als Ausgangsbasis begreift und die anderen Möglichkeiten als auf ihr aufbauende Varianten sieht, können auch diese für den Klienten nutzbringend verwendet und Fehler vermieden werden. Ich komme damit zu weiteren Differenzierungen innerhalb meiner Darstellung der Phantasiegespräch-Technik.

In dem bereits weiter vorn zitierten Artikel von Perls und Levitsky findet sich die folgende Aussage zur Phantasiegespräch-Technik: »Der Dialog kann sich auch zwischen dem Patienten und einer für ihn wichtigen Person entwickeln. Der Patient spricht diese Person einfach an, als wäre sie anwesend, *phantasiert die Antwort,* entgegnet auf die Antwort usw.« (in: Perls, 1980, S. 199 – meine Hervorhebung). Ich bezeichne dieses Vorgehen als die dialogische Form der Phantasiegespräch-Technik. Sie beruht so, wie sie von Perls hier beschrieben wird, darauf, daß der Klient die Reaktion der Bezugsperson phantasiert und an ihrer Stelle zum Ausdruck bringt.

Diese Situation hatte ich bereits mit dem folgenden Diagramm charakterisiert (S. 107).

Um es gleich zu Beginn zu erwähnen: Diese Variante halte ich für die vielleicht problematischste Benutzung des leeren Stuhls überhaupt. Ich werde sie daher eingehend diskutieren. Man kann sie in der Literatur oft im Zusammenhang mit sogenannter Trauerarbeit finden: »Der Patient wird aufgefordert, dem Sterbenden oder Verstorbenen alles zu sagen, was er ihm noch nicht gesagt hat und was er loswerden muß, bevor er ihn in Frieden ruhen lassen kann. Oft

Diagramm 2 (Wiederholung)

Phantasiegespräch-Technik, dialogische Form

Repräsentanz des Klienten von Person X

Repräsentanz des Klienten von sich selbst

kommt es dabei zu bewegenden Durchbrüchen, in denen der Patient jahre- oder jahrzehntelang unterdrückte Trauer freisetzt. Indem er sich im Dialog auch mit dem Partner identifiziert, lernt er dessen Bedürfnisse, Motivationen und Schwierigkeiten besser verstehen und sich von ihm zu verabschieden. Nicht selten geschieht es dabei, daß der Patient in der Rolle des Verstorbenen sich selbst, dem Überlebenden, die Liebe, Zuwendung, Nachsicht oder Anerkennung, auf die er zu Lebzeiten des Verstorbenen vergeblich gewartet hat, aussprechen und damit ein Stück Identität und Selbstgefühl dazugewinnen kann« (Büntig, in: Eicke, 1977, S. 1061).

In sehr ähnlicher Weise, aber etwas konkreter, beschreibt Tobin dieses technische Vorgehen: »... ich nehme den leeren Stuhl, stelle ihn vor den Patienten und bitte ihn sich vorzustellen, die tote Person säße dort. Dann frage ich ihn, was er erlebt, während er sich die tote Person dort vorstellt. Was auch immer das Gefühl oder der Gedanke ist, die zum Ausdruck kommen – ich fordere den Patienten auf, es direkt zu der toten Person zu sagen.[53] (...) Nachdem er gesagt hat, was er sagen wollte, bitte ich ihn, sich auf den anderen Stuhl zu setzen und die tote Person zu *werden*. Häufig sagt der Patient dann spontan etwas; wenn nicht, frage ich ihn, was er – jetzt als die tote Person – erlebt. Wenn er antwortet, bitte ich ihn, das zu sich selbst auf dem anderen Stuhl zu sagen. (...) Nachdem die tote Person zu Wort gekommen ist, fordere ich den Patienten

---

[53] Bis hierhin beschreibt Tobin die monologische Form der Phantasiegespräch-Technik; nun folgt die dialogische Form.

auf, sich wieder auf den ersten Stuhl zu setzen, sich selbst zu *spielen* und der phantasierten toten Person zu antworten« (Tobin, in: Stevens, 1975, S. 124[54] – meine Hervorhebungen[55]).

Um ein Wort für Wort nachvollziehbares Beispiel für diese Art von Arbeit zu geben, möchte ich auf den Ausschnitt aus einem Transkript von Perls selbst zurückgreifen, mit dem wir uns schon früher eingehend auseinandergesetzt haben (vgl. Bock et al., 1992). Der Klient Bill (»B«) wird sich bewußt, wie er sich daran hindert zu weinen. Daraufhin fragt ihn Perls (»F«):

»F: In welcher Situation stehst du? Bei welcher Gelegenheit?
B: Wenn ich nicht weine? /F: Ja./ Ich war bei einer Beerdigung. /F: Wessen?/ Von einem alten Mann; er starb, und ich mochte ihn sehr gern.
F: Geh zu seinem Grab zurück und sag ihm Lebwohl.
B: (sehr weiche Stimme) Lebwohl.
F: Wie heißt er?
B: Curt.
F: Sag: ›Lebwohl, Curt.‹
B: Lebwohl, Curt. Ich habe dich wirklich vermißt; (beinahe weinend) hätte ich dir bloß mehr zeigen können, wie sehr ich dich mochte, solange dafür Zeit war.
F: Laß ihn antworten – gib ihm eine Stimme.
B: Ich wußte, daß du mich mochtest. Es wäre schön gewesen, wenn ich dich näher kennengelernt hätte, als ich einsam war. Die Zeit mit dir zusammen hat mir Spaß gemacht. Es war schwer, allein zu leben. Von allem ausgeschlossen sein ... Es braucht dir nicht leid zu tun. Es ist schon in Ordnung« (1974, S. 183 f.).

Die für meine Diskussion dieser Anwendungsform der Phantasiegespräch-Technik wichtige Weichenstellung in diesem Gespräch findet statt, als Perls zu Bill sagt: »Laß ihn (Curt – F.-M. St.) antworten – gib ihm eine Stimme.« Diese Aufforderung ist Perls' Antwort auf Bills an Curt gerichtete Aussage »... hätte ich dir

---

[54] Ich gebe dieses Zitat wegen seiner Länge nur in meiner deutschen Übersetzung wieder.
[55] Welche problematischen Implikationen es haben kann, wenn Klienten aufgefordert werden, zu einer anderen Person zu »werden«, sich selbst aber nur zu »spielen«, wird im Anhang konkret nachvollziehbar.

bloß mehr zeigen können, wie sehr ich dich mochte, solange dafür Zeit war.« Bill formuliert damit ein Bedauern, das sich auf seine (damalige) Unfähigkeit bezieht, seinen Gefühlen für Curt einen angemessenen Ausdruck zu verleihen[56]: In seinem Bedauern zeigt sich für mich Bills ungelöster Konflikt zwischen seinem Bedürfnis nach einem angemessenen Gefühlsausdruck und seiner Unfähigkeit, diesem Bedürfnis nachzugehen. Seine Aussage würde ich darum als die geradezu ›klassische‹ Voraussetzung für die Anwendung der Selbstgespräch-Technik in der Form eines fruchtbaren Selbstgesprächs verstehen und dementsprechend intervenieren (vgl. Abschnitt 3.3.1.1.).

Perls geht anders vor. Er fordert Bill auf, die Perspektive von Curt zu übernehmen, diesem »eine Stimme« zu geben, also sozusagen *stellvertretend für ihn* zu sprechen. Da Bill *nicht wissen* kann, was Curt selbst, lebte er noch, gesagt *hätte*, ist Perls' Instruktion gleichbedeutend mit der Aufforderung an Bill, zu *phantasieren*, was Curt entsprechend seiner Erinnerung an ihn gesagt haben *könnte*. Für diese Anwendung der Phantasiegespräch-Technik in ihrer dialogischen Form, wie sie hier benutzt wird, bietet sich daher die Bezeichnung »Phantasierte Reaktion« an.

Die Art der phantasierten Reaktion ist notwendigerweise von den Motivationen und Einstellungen des Klienten beeinflußt: Da Bill eine positive Erinnerung an Curt hat, kann er diesem ohne weiteres eine positive Haltung gegenüber sich selbst zuschreiben – man sollte vielleicht genauer sagen: eine positive Haltung auf diesen projizieren.[57] Das paßt gut zu Bills Wunsch, sein Gewissen zu entlasten und posthum mit seinem Bild von Curt ins reine zu kommen. Er läßt diesen, aus seinem eigenen Mund, versöhnlich sagen: »Es braucht dir nicht leid zu tun. Es ist schon in Ordnung.«

Es entsteht dadurch der falsche Eindruck, als ob Curt selbst Bill die Absolution erteilt hätte. Dieser Eindruck ist einfach aufgrund der ebenso simplen wie gravierenden Tatsache falsch, daß Curt

---

[56] Wenn man den Text, der dem von mir gewählten Ausschnitt vorausgeht, mit in die Überlegungen einbezieht, weiß man, daß diese Unfähigkeit von Bill auch zum Zeitpunkt seiner Arbeit mit Perls noch besteht; seine Schwierigkeit zu weinen ist in diesem Zusammenhang zu sehen.
[57] Warum Perls ihm diese Projektion ›durchgehen‹ läßt, weiß ich nicht. Vielleicht weil es sich hier um eine *positive* Haltung handelt?

längst gestorben ist. Und »... Tote können nicht reden, weder durch den Mund lebendiger Menschen noch mit Hilfe von Gestalttherapeuten« (Bock et al., 1992, S. 57)[58]. Jeder weitere, auf dieser unrealistischen Episode aufbauende therapeutische Schritt ist darum in meinen Augen illusionär[59]. Die Entlastung, die Bill aufgrund der vermeintlichen Vergebung von Curt erfährt, hat er sich auf der Basis der Perlsschen Intervention *eingeredet*. Er hat dabei, begünstigt durch Perls, mit Hilfe einer Art von Nachbesserung der historischen Fakten die Bearbeitung seiner eigenen Problematik umgangen: Weder bleibt sein Konflikt zwischen dem Bedürfnis nach einem adäquaten Gefühlsausdruck einerseits und dessen Vermeidung andererseits im Vordergrund. Noch findet eine Auseinandersetzung mit der von Bill bedauerten Tatsache statt, daß er es *unwiderruflich* versäumt hat, zu Curts Lebzeiten diesem offen zu begegnen; Bill kann auf diesem Weg nicht dazu kommen, sich sein Versäumnis *selbst* zu verzeihen. Die von Perls gewählte Variante des Vorgehens wird seinem erklärten Ziel für die Benutzung des leeren Stuhls nicht gerecht. Bills »Drehbuch« bleibt zu einem großen Teil unverstanden und unbearbeitet.

Es ist in diesem Zusammenhang interessant, sich ein anderes Transkript anzuschauen, in dem Perls selbst die Position des Klienten einnimmt – interessant insofern, als Perls sich hier weigert, einem Vorschlag seiner Therapeutin zu folgen, der seinem Vorgehen mit Bill gleicht. Es scheint, als zöge er es in dem Moment, in dem er selbst betroffen ist, vor, sich mit den unwiderruflichen Fakten zu konfrontieren:

»Barbara: ... Willst du arbeiten?
Fritz: Ja.
(...)
Fritz: Gut. Ich plage mich so sehr. Ich würde gerne arbeiten, aber ich kann nicht. Ich habe einen Block. (Allgemeine Heiterkeit über Fritz' Antworten)
Barbara: Sei dein Block.

---

[58] Manche Menschen betrachten vielleicht spiritistische Sitzungen als Beweis des Gegenteils; sie sollten jedoch von therapeutischen Sitzungen klar unterschieden werden.

[59] Dasselbe denke ich von therapeutischen Prozessen, die sich aus vom Therapeuten induziertem Gedankenlesen ergeben. Ein Beispiel dafür findet sich bei Frühmann: »Was denkt die Mutter?« (in: Freiler et al., 1994, S. 149).

Fritz: Aber ich kann meinen Block nicht sehen.
(...)
Barbara: Ich merke, daß die Last auf mich fällt, egal, was passiert. Egal, was ich vorschlage, du sagst ›nein, mach du es für mich, ich weiß nicht wie‹.
Fritz: Natürlich. Wenn ich nicht so unfähig wäre, dann wäre ich nicht hier. Das ist meine Krankheit, siehst du das nicht?
(...)
Barbara: ... Hat jemand dir die Krankheit gegeben?
Fritz: (Langsam) Ja.
Barbara: Wer?
Fritz: Sigmund Freud. (An diesem Punkt ist viel Lachen in der Gruppe zu hören.)
Barbara: Ich sehe, daß Sigmund Freud nicht hier ist, daß er ... (...) Kannst du mit Sigmund Freud reden?
Fritz: O nein, das kann ich nicht. Der ist tot.
Barbara: Du hast dich verändert. Du zeigst jetzt zum erstenmal deine wahren Gefühle[60]. Was ist dir gerade bewußt?
Fritz: (Nüchtern) Eine große Trauer, daß Freud gestorben ist, ehe ich wirklich von Mann zu Mann mit ihm reden konnte« (Perls, 1976, S. 229 ff.)[61].

Perls stellt sich seiner Trauer um die verlorene Chance. Was er mit Bill unternommen hatte, tut er mit sich selbst nicht. Er sucht nicht den Ausweg über die Illusion, er könne, viele Jahre nach der verpaßten Gelegenheit und nach Freuds Tod, noch etwas nachholen, was damals nicht stattfand. Er trauert und fängt gerade nicht an, Freud zu spielen und jenem Perls, der ihm damals begegnet war, fiktiv die Aufmerksamkeit und Anerkennung zu geben, die der reale Freud für Perls nicht aufgebracht hatte. Man könnte sagen, Perls beharrt auf der Anwendung der Phantasiegespräch-Technik

---

[60] Die Übersetzung dieses Satzes stammt von mir und weicht von der im deutschen Text ab. An entsprechender Stelle im Original steht: »That's the first time you've slipped.« Die Übersetzung im deutschen Text (»Du bist jetzt zum erstenmal ausgewichen.«) verkehrt den Sinn ins Gegenteil.

[61] Diese Aussage von Perls läßt sich als Beispiel lesen für die von mir in Abschnitt 3.2.2.1. geschilderte Situation, in der der Klient in die dritte Person fällt; ich hatte angekündigt, darauf zurückzuverweisen. Die Therapeutin könnte Perls nun vorschlagen, zu Freud etwa folgendes zu sagen: »Ich bin sehr traurig, daß *du* gestorben bist, ehe ich wirklich von Mann zu Mann mit *dir* reden konnte.«

in der *monologischen Form* und damit auf einer therapeutischen Situation, die der unwiderruflichen Tatsache entspricht, daß Freud tot und leider nicht mehr zu sprechen ist.
Doch zurück zu Bill. Man könnte gegen meine Argumentation einwenden, es handele sich bei dem ›Curt‹, der durch Bills Mund spricht, natürlich nicht um den quasi wieder auferstandenen und zu Bills Unterstützung aus dem Jenseits herbeigeeilten Curt, sondern um Bills Repräsentanz von Curt. Eben weil Curt längst tot ist, handele es sich bei dieser Repräsentanz um eine Schöpfung von Bill, die durch Perls' Intervention deutlich würde und sich dabei für Bill wohltuend verändere.
Dem könnte ich unter Umständen zwar zustimmen. Es ändert aber nichts an dem zentralen Punkt der Problematik, die eine derartige Handhabung der Phantasiegespräch-Technik mit sich bringt. Denn gerade das, was diese Argumentation mit Recht vertritt, wird durch Perls' Intervention nicht klar. Die Grenzen der Verantwortlichkeiten werden vielmehr auf eine Weise undeutlich, die für mich in ihrer therapeutischen Zielsetzung unverständlich und mit der in der Gestalttherapie im allgemeinen und von Perls im besonderen betonten Bedeutung klarer Grenzen und Verantwortlichkeiten unvereinbar ist.
Wenn man sich Perls' Arbeit mit Bill insgesamt ansieht, hat diese Unklarheit keine erkennbaren negativen Konsequenzen für Bill. Er kann gegen Ende des Gesprächs sogar ein wenig weinen, was er vermutlich positiv empfindet. Trotzdem werden, denke ich, wichtige therapeutische Chancen verpaßt, die mit einem rechtzeitigen Wechsel zur Selbstgespräch-Technik hätten genutzt werden können.
In anderen Situationen und mit anderen Klienten kann ein analoges therapeutisches Vorgehen jedoch für den Klienten schädlich werden. Ich denke hier sowohl an Menschen, die sich mit der Verarbeitung schwerwiegender Grenzüberschreitungen beschäftigen (vgl. Anhang), als auch an jene, deren Gespür dafür, wer sie selbst im Unterschied zu anderen sind, grundlegend beeinträchtigt ist. Unter solchen Voraussetzungen, also wenn die Unterscheidungsfähigkeit des Klienten zwischen Repräsentanzen von sich selbst und denen von anderen nennenswert eingeschränkt ist, halte ich die hier diskutierte Variante der Phantasiegespräch-Technik für streng kontraindiziert. Denn die Betreffenden benötigen eine klare

Unterstützung für die Wahrnehmung ihrer eigenen Perspektive und können keine weitere Verwischung der Grenzen zwischen sich und anderen gebrauchen.

Zusammenfassend spreche ich mich daher gegen die Anwendung dieser Variante der Phantasiegespräch-Technik aus. Vielleicht lassen sich einige spezielle Ausnahmen denken, in denen sie sich als hilfreich erweist. Dabei kann ich mir nicht vorstellen, daß der therapeutische Prozeß unter Beibehaltung dieser Technik über die Polarisation hinausgehen kann; vermutlich wird er sich nur in der Stagnation bewegen können. Insgesamt scheinen mir die Nachteile dieser technischen Variante jedoch so gravierend, daß ich in aller Regel zu anderen technischen Möglichkeiten greifen würde.

In der Form eines kurzen Exkurses möchte ich am Ende dieses Abschnitts auf eine zusätzliche technische Möglichkeit hinweisen, wie man mit Bills Problematik arbeiten könnte. Sie stellt eine Verbindung der Phantasiegespräch-Technik (monologische Form) mit der Selbstgespräch-Technik dar. Charakteristisch für Bills Situation war ja, daß er sich gegenüber Curt ambivalent fühlte. Er befand sich gegenüber Curt in dem Konflikt zwischen dem Bedürfnis nach angemessenem Gefühlsausdruck und seinen diesem Bedürfnis entgegenstehenden Vermeidungen.

Man könnte nun Bill auffordern, sich Curt auf dem leeren Stuhl vorzustellen und sich mit dem, was in ihm weiterhin vorgeht, an den imaginierten Curt zu wenden. Das auf diese Weise hergestellte Phantasiegespräch könnte dazu dienen, Bills *ambivalentes* Erleben prägnant werden zu lassen: Bill würde dann deutlich bemerken, daß er Curt auf zwei unterschiedliche Arten gegenübertritt. Er würde vielleicht *einerseits* zu Curt sagen: »Ich hätte dir so gern deutlicher gezeigt, wie sehr ich dich mochte. Ich würde überhaupt gerne deutlicher zeigen, was ich empfinde.« Dies stellte Repräsentanz A des Klienten von sich selbst dar (sein Bedürfnis). Und *andererseits,* als Ausdruck der Repräsentanz B (seiner Vermeidung), würde Bill vielleicht sagen: »Aber ich unterdrücke meine Tränen, wenn mir danach ist zu weinen, und ich lasse die Gelegenheiten verstreichen, anderen Menschen meine Gefühle zu zeigen, weil ich Angst davor habe, die Kontrolle zu verlieren.«

Beide Seiten im Klienten könnten ihm in der Konfrontation mit der phantasierten Bezugsperson auf dem leeren Stuhl (Repräsentanz von der Person X, hier: Curt) bewußt werden; der *Konflikt,* den er gegenüber dieser Person in sich empfindet, könnte klarwerden. Dieser Konflikt würde dann der zentrale Gegenstand der therapeutischen Arbeit. Er ließe sich, wenn es zum Zwecke der szenischen Verdeutlichung nötig erscheint, mit Hilfe der Benutzung eines weiteren Stuhls austragen, der es dem Klienten ermöglicht, beide Seiten seines Konflikts abwechselnd einzunehmen. Diese beiden Seiten führen dann das Selbstgespräch, das der Klient in sich gegenüber der Bezugsperson erlebt.

Diagramm 9

Verknüpfung von Selbstgespräch- mit Phantasiegespräch-Technik

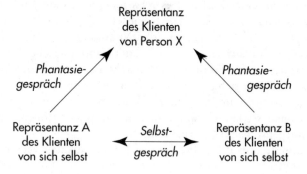

3.3.2.2.2. Rollenspiel

Eine zweite Spielart der Phantasiegespräch-Technik in ihrer dialogischen Form hat auf den ersten Blick große Ähnlichkeit mit der vorangegangenen, unterscheidet sich jedoch bei genauerer Betrachtung in einem für mich wesentlichen Punkt. In dieser Anwendungsweise, die ich »Rollenspiel« nennen möchte, wird der Klient zwar angehalten, auf die Seite der von ihm phantasierten Person X zu wechseln. Es geht dabei allerdings nicht darum, sich in irgendeiner Weise mit dieser Person zu identifizieren oder, wie bei der »phantasierten Reaktion« die Geschichte fortzuschreiben bzw. neu zu erfinden.

Vielmehr dient das vorübergehende Spielen einer anderen Person ausschließlich dazu, Verhaltensweisen und Reaktionen dieser Person, an die der Klient sich erinnert, schauspielerisch darzustellen mit dem Zweck, sich selbst jene Auslöser vor Augen zu führen, die er benötigt, um sein *eigenes* »Drehbuch« in bezug auf diese Person besser kennen- und verstehen zu lernen. Diese Variante der Phantasiegespräch-Technik führt zu nichts anderem als der vom Klienten *inszenierten Repräsentation* der Person X; man könnte sie darum fast als eine Abwandlung der monologischen Form in dialogischer Verkleidung interpretieren. Denn sie unterscheidet sich von der rein monologischen Form nur insofern, als der Klient hier seine Vorstellungen bzw. Erinnerungen von Person X auch auf der Ebene *äußerer Handlungen* repräsentiert, während er dasselbe dort nur *intern* tut. Sie ist deshalb – bei klaren Instruktionen und eindeutiger Handhabung durch den Therapeuten – auch nicht mit den gravierenden Nachteilen behaftet, die die Arbeit mit phantasierten Reaktionen mit sich bringt.

Daraus ergibt sich, daß die Indikation für diese Technik ähnlich wie bei der monologischen Form ist: Ihre Anwendung ist dann möglich, wenn der Klient sich mit einem Thema beschäftigt, das einen wesentlichen Bezug zu einer anderen Person enthält. Allerdings läßt sich das Rollenspiel nicht phasenunabhängig verwenden, sondern nur während der Stagnation und der Polarisation. Denn ab dem Eintritt in die Diffusion würde ein Rollenwechsel für den Klienten mit Sicherheit zu einer Unterbrechung seines Prozesses führen.

Aber selbst während der Klient sich in der Stagnation oder der Polarisation befindet, benutze ich diese Art des Rollenspiels nur in Ausnahmesituationen. Denn ich habe häufig den Eindruck gehabt, daß die Klienten durch die spielerische Wiedergabe ihrer Erinnerungen an die Person X stark von ihren eigenen internen Prozessen abgelenkt werden und die therapeutische Arbeit auch in den ersten beiden Phasen des Veränderungsprozesses dabei an Dichte und Prägnanz verliert. Schauspielerisch begabte Klienten, die in der Lage sind, schnell und leicht die Perspektiven zu wechseln, stellen eine der erwähnten Ausnahmen dar.

Neben dem schon genannten Zweck des Rollenspiels – der Klient führt sich schauspielerisch selbst jene Auslöser vor Augen, die er benötigt, um sein *eigenes* »Drehbuch« besser kennen- und verstehen zu lernen (»inszenierte Repräsentation«) – kann das Rollenspiel zusätzlich dazu eingesetzt werden, sich Vorstellungen von *möglichen* internen Vorgängen *der Person X* zu erarbeiten, deren Rolle der Klient zeitweilig übernimmt. Diese Art des Rollenspiels

benutze ich in der Therapie äußerst selten. Es gibt in meinen Augen nur wenige *therapeutische* Situationen, in denen ich mir von dieser Strategie einen echten Nutzen für den Klienten verspreche.
Dagegen sehe ich in *Beratungs*situationen, z. B. in meiner Supervisionsarbeit, häufiger eine sinnvolle Gelegenheit für dieses Vorgehen. Aus diesem Zusammenhang stammt das folgende Beispiel:
Therapeutin (T): Ich möchte über eine Klientin sprechen, für die es seit Beginn meiner Arbeit mit ihr vor ca. zwei Jahren immer wieder in den Vordergrund kommt, daß sie mir mißtraut und befürchtet, daß sie in die akute Psychiatrie muß. Ich war schon oft an dem Punkt, wo ich das Gefühl hatte, ihr Vertrauen verdient zu haben. Sie hat es millionenfach überprüft, und dann gab es immer ganz kurze Phasen, in denen sie Vertrauen hatte. Aber am nächsten Tag ist nichts mehr davon da. Ich denke manchmal, ich muß ihr beweisen, daß ihr Vertrauen gerechtfertigt ist. Natürlich weiß ich, das geht gar nicht, aber ich bin immer wieder geknickt, wenn sie wieder mit dem Mißtrauen kommt.
Supervisor (S): Gut, wollen wir damit mal was probieren? Meine Idee ist, du könntest mal die Klientin spielen und dann versuchen, als Therapeutin darauf zu reagieren. Zuerst spielst du sie so, wie du sie kennst, also bewußt die Rolle, die deiner Erinnerung an sie möglichst nahe kommt. Und dann wechselst du auf den anderen Stuhl hier und antwortest als Therapeutin.
T: In Ordnung.
T als Klientin (T/K): (setzt sich seitlich, halb von der Therapeutin abgewandt.) Hallo.
T als Therapeutin (T/T): Wie geht es dir heute? (längere Pause.) Du wirkst so vorsichtig auf mich.
(T wechselt *schnell* auf den anderen Stuhl.)
T/K: (in heftigem, argwöhnischem Ton) Wieso? Wieso wirke ich vorsichtig? – (dann mit Nachdruck) Das stimmt überhaupt nicht, ich bin nicht vorsichtig. Aber du, du hast was gegen mich. Du hast das letzte Woche schon mal gesagt, daß ich vorsichtig bin. Ich *bin nicht* vorsichtig! Du weißt gar nicht, wie ich bin. – Du bestimmst über mich. Und das *laß ich nicht zu!*
(Pause, dann ängstlich) War ich jetzt zu aggressiv? – Ich bin schon fähig, in der Trainingsgruppe zu bleiben, auch wenn ich

manchmal aggressiv bin. Oder glaubst du, daß ich dazu nicht in der Lage bin? – Gestern hast du auch mit G. geredet. Und danach ist G. noch mal in die Verwaltung gegangen. Da ging es bestimmt um mich... (Pause) Und jetzt möchte ich gehen. Mir geht es gut, ich gehe jetzt.
T: Dann geht sie, und zwei Minuten später klingelt das Telefon.
S: Und sie ruft dich an? O. K., machen wir das Telefongespräch.
T/K: Du, das Gespräch vorhin, ähm, ich bin da so einfach gegangen, jetzt muß ich wahrscheinlich von der Trainingswohngruppe weg, weil ich einfach gegangen bin.
T/T: Nachdem du gegangen bist, habe ich ein anderes Gespräch vereinbart. In zwei Minuten kommt jemand zu mir, und ich kann mich jetzt mit dir nicht am Telefon darüber unterhalten.
T/K: (bestimmt) Aber eine Minute hast du Zeit. Wie hast du mich denn vorhin erlebt?
T/T: Ich möchte dich bitten... Wir haben ja morgen wieder einen Termin, da können wir darüber sprechen, aber jetzt geht es nicht.
T/K: Ich halte das nicht aus bis morgen.
T/T: Ich denke schon, daß du das aushältst.
T/K: Ich halte das nicht aus! Ich halte das nicht aus, mit dir jetzt hier am Telefon nur zwei Minuten zu reden. (stößt einen lauten Schrei aus)
T/T: Wir sehen uns morgen um halb zwölf wieder, und dann habe ich eine Stunde Zeit für dich.
T/K: Gut, dann gehe ich heute abend in die Geschlossene!
T: Dann legt sie auf, ruft aber fünf oder zehn Minuten später wieder an – wenn ich nicht das Telefon aushänge. Manchmal kommt sie dann, steht irgendwann bei mir auf der Matte, völlig aufgelöst, völlig am Ende, mit Blickkrämpfen, wo die Augen einfach weg sind, und das Ende vom Lied ist oft, daß sie sagt: »Mir geht es gut mit dir, ich bin sehr mißtrauisch, aber ich glaube, du meinst es ernst.« Und das Spiel geht jetzt seit einenhalb Jahren.
S: Was ist dir denn jetzt bewußt geworden, während du sie gespielt hast?
T/K: Ich lege Köder aus und will, daß sie (T) anbeißt. Da geht

erst mal so eine Suche los, wo ich sie kriegen könnte. Und dann resigniere ich irgendwann. – Als ich das mit G. erzählt habe, fiel mir wirklich eine ganze Bandbreite von Ereignissen ein, die ich noch anführen könnte. Aber ich habe gemerkt, wie ich dabei immer mutloser werde.
S: Welche Hoffnung ist das denn, die da zunehmend abflaut?
T/K: Die Hoffnung, irgendeine Art von Beziehung zu bekommen, in der ich mich ernstgenommen und aufgehoben fühle, so etwas Greifbares, eine greifbare Beziehung ... hm, es ist schwer, das auszudrücken. Daß ich in der Lage bin, mir irgend etwas zu holen.
S: Also wenn die Manipulationen nicht wirken, kriegst du in ihrer Rolle das Gefühl, du kannst keine Beziehung herstellen. Anders gesagt, die Manipulationen scheinen für dich das einzige Mittel zu sein, überhaupt in Beziehung zu treten, und wenn du damit auf Granit beißt, dann resignierst du und fühlst dich einsam.
T: Das ist gut beschrieben.
S: Was ziehst du als Therapeutin denn bisher aus unserem Experiment?
T: Zum einen, daß es sehr verführerisch ist, in dieser Rolle alle Register zu ziehen, daß es aber entsetzlich ist mitzukriegen, daß da eine Mauer ist, und ich habe nichts anderes zur Verfügung.
S: Wenn ich dich richtig verstanden habe, ist dir klargeworden, daß in den ganzen heftigen Manipulationsversuchen der Klientin der Wunsch nach Kontaktaufnahme versteckt sein könnte. Und daß dieser Wunsch vielleicht in dem Maße frustriert wird, wie die Spiele frustriert werden. – Gibt dir diese Idee irgendeine Anregung für dich als Therapeutin?
T: Ja, ich könnte ihr z. B. zurückmelden, daß ich ahne, was sie sich wünscht und zu kriegen versucht, ich ihr das aber auf diesem Weg nicht geben kann. Und daß ich ihren Wunsch ernst nehme, auch wenn es auf die Art nicht funktioniert.

In der Rolle ihrer Klientin erarbeitet sich die Supervisandin bestimmte Hypothesen darüber, was in der Klientin vorgehen mag. Diese Hypothesen bildet sie aufgrund ihres eigenen Erlebens in der Rolle der Klientin. Mit diesen Hypothesen kann sie nun, nach der Supervision, wieder mit ihrer Klientin zusammenkommen und dabei neue therapeutische Verhaltensweisen ausprobieren, die ihr zuvor nicht zur Verfügung standen.

Damit ist gesagt, was ein weiterer Sinn des Rollenspiels sein kann, nämlich *die Bildung von Hypothesen* über das eventuelle Erleben der anderen Person, deren Rolle der Supervisand vorübergehend übernimmt. Mir ist es sehr wichtig, hier von »Hypothesen« zu sprechen, die immer zutreffen *können,* aber nie zutreffen *müssen.* Im besten Falle handelt es sich bei solchen Hypothesen um zutreffende Phantasien; ob diese Phantasien aber wirklich zutreffen und damit »*Real*phantasien« (vgl. Buber, 1984; Staemmler, 1993) darstellen, kann erst der tatsächliche persönliche Kontakt mit der anderen Person erweisen. Es würde eine falsche Sicherheit im Therapeuten/Supervisanden erzeugen, würde der Supervisor ihm suggerieren, daß mit den im Rollenspiel gebildeten Hypothesen schon Klarheit über Motive und Erleben der anderen Person hergestellt worden sei. Solche Hypothesen sind in jedem Fall im realen Kontakt mit dieser Person zu überprüfen.

Gerade im Erzeugen falscher Sicherheiten sehe ich die Gefahr bei dieser Art der Verwendung der Rollenspiel-Technik. Dazu möchte ich ein kurzes Beispiel geben, das von einem nierenkranken, auf regelmäßige Dialyse angewiesenen Klienten (»W«) handelt:

»Die Therapie bleibt auf der Ebene der Lebenshilfe. Dies ändert sich, als nach einem dreiviertel Jahr eine Transplantation ins Auge gefaßt wird. Der Spender soll der Vater sein. (...) Die Beziehung des Sohnes zum Vater ist sehr schlecht. Vieles ist unausgesprochen. Der Vater ist dominant, in seiner Weise fürsorglich, aber er läßt keinen Entwicklungsspielraum. Das Thema Transplantation wird in vielen Sitzungen bearbeitet. Dabei nimmt die Auseinandersetzung mit dem Vater mit Hilfe des ›leeren Stuhls‹ einen breiten Raum ein.

W.: Ich kann nicht verstehen, daß du mir die Niere geben willst. Du hast dich nie um mich geschert. Du weißt ja gar nicht einmal, wer ich bin!

T.: Rollentausch! Übernehmen Sie die Rolle des Vaters auf dem leeren Stuhl.

WV.: Es war zwischen uns alles nicht so einfach, aber du bist mein Sohn, und ich bin gesund, ich kann dir die Niere geben, und so viele Jahre habe ich auch nicht mehr. Das ist schon in Ordnung.

W.: Ich kann das von dir nicht annehmen. Es stimmt so vieles nicht zwischen uns.
T.: Rollentausch!
WV.: Mach's doch nicht so schwierig. Laß doch die alten Sachen ruhen, bitte. Das ist vielleicht meine Art, was gutzumachen!
Die Sitzungen führen zu einer versöhnlichen Haltung dem Vater gegenüber« (Petzold, 1984, S. 64).

Gegen eine versöhnliche Haltung ist natürlich nichts einzuwenden. Es muß aber gefragt werden, wie tragfähig sie ist, wenn sie auf diesem Weg zustande kommt. Denn der Klient geht mit der für meine Begriffe falschen Sicherheit aus der therapeutischen Arbeit hervor, er habe nunmehr Klarheit darüber, wie sein Vater ihm gegenüber ›wirklich‹ empfindet. Er braucht sich nicht mehr damit auseinanderzusetzen, welche Schwierigkeiten er selbst damit hat, das Angebot seines Vaters anzunehmen. Er kann sich darüber mit der während der Therapie entstandenen Hypothese hinwegtrösten, für den Vater sei alles in Ordnung so. Daß es sich dabei nur um eine Hypothese handelt, wird nicht mehr deutlich. (Die weitgehende Ähnlichkeit zu der Arbeit von Perls mit Bill, die ich oben zitiert habe, ist offensichtlich; auch der vergleichbare Verlust an therapeutischer Substanz in den beiden Beispielen verdeutlicht die Risiken, die sowohl das in dieser Form verwendete Rollenspiel als auch das Muster der »phantasierten Reaktion« mit sich bringen.)

Mit der Anwendung der Rollenspiel-Technik wird, wie in Petzolds Beispiel, oft die Absicht verbunden, den Klienten bei seinem Suchen nach zwischenmenschlicher Verständigung mit seinen Bezugspersonen zu unterstützen. Meiner Meinung nach kann diese Technik das nur in begrenztem Umfang leisten, da mit ihr nur die erwähnten Hypothesen gebildet werden können. Diese sind allerdings manchmal durchaus ein wichtiger Beitrag zur sozialen Kompetenz eines Klienten, vorausgesetzt, ihr hypothetischer Charakter bleibt klar.

Wenn diese Klarheit aber verlorengeht, ergeben sich mit großer Wahrscheinlichkeit Konsequenzen, deren therapeutischer Wert mir sehr zweifelhaft erscheint. So ist es in meinen Augen gerade ein Zeichen *mangelnder* sozialer Kompetenz, wenn Menschen meinen, mit *Sicherheit* wissen zu können, was in anderen vorgeht, anstatt sich bewußt darüber zu bleiben, daß sie darüber nur *Hypo-*

thesen bilden können, die immer der Überprüfung im Dialog bedürfen.

Auch kommt es mir nicht als sinnvolles Mittel zur Förderung zwischenmenschlicher Fähigkeit zur Konfliktbewältigung vor, wenn die Arbeit mit einem Rollenspiel zum *Ersatz* für die *reale* Auseinandersetzung des Klienten mit seinen Bezugspersonen wird, vor der er vielleicht Angst hat. Verhindert eine derartige Anwendung der Technik gar die Beschäftigung mit eigenen unbewältigten Konflikten, dient sie eher Vermeidungstendenzen des Klienten (oder des Therapeuten) als dem therapeutischen Fortschritt.

Bevor die Rollenspiel-Technik mit dem Ziel eingesetzt wird, das Einfühlungsvermögen des Klienten zu verbessern, ist natürlich in jedem Fall mit ihm zu klären, ob es ihm überhaupt genau darum geht. Sollte das der Fall sein, scheinen mir oft andere Wege als der des Rollenspiels sinnvoller. Meistens arbeite ich lieber im unmittelbaren Kontakt zwischen dem Klienten und mir; hier kann der Klient die Hypothesen, die er über meine internen Vorgänge bildet, direkt und sofort anhand meiner Mitteilungen überprüfen. Die Unmittelbarkeit unserer gemeinsamen Situation trägt überdies dazu bei, daß die Erlebnisintensität für den Klienten zunimmt.

Damit möchte ich die Erörterung der beiden Formen der Phantasiegespräch-Technik abschließen. Ich denke, es ist deutlich geworden, daß ich die monologische Form bevorzuge und in der dialogischen Form eine Reihe von Tücken sehe, die es sorgfältig zu beachten gilt, damit die Anwendung dieser Technik zum Vorteil des Klienten wirksam werden kann.

Die dialogische Form der Phantasiegespräch-Technik in der Variante, die ich als »phantasierte Reaktion« bezeichnet habe, verwende ich selbst überhaupt nicht. Ich habe in meinen Therapien noch keine Situation erlebt, in der ihre Anwendung mir sinnvoll erschien; ich kann für sie daher keine Indikation nennen.

Das Rollenspiel als »inszenierte Repräsentation« benutze ich nur in seltenen Ausnahmefällen, in denen der spezielle persönliche Stil eines Klienten (z. B. schauspielerische Talente, eine besonders entwickelte Fähigkeit zum schnellen Perspektivwechsel etc.) dies nahelegt. Ansonsten schlage ich lieber die monologische Form der Phantasiegespräch-Technik vor, die denselben Zweck meist besser erfüllt.

Das Rollenspiel mit dem Ziel der Hypothesenbildung über interne Vorgänge anderer Menschen halte ich vorwiegend in Situationen für nützlich, in denen es nicht primär um einen therapeutischen Veränderungsprozeß der Person geht, mit der ich arbeite. In Supervisionen und anderen Beratungssituationen – ich denke z. B. an die Unterstützung von Führungskräften in der Wirtschaft bei ihrem Bemühen um einen humanen Umgang mit ihren Mitarbeitern oder an die Beratung von Eltern, die ihre Kinder als schwierig erleben –, in denen eine abwesende dritte Person mit ihren internen Prozessen den wesentlichen Inhalt des Gesprächs darstellt, kann das Rollenspiel hilfreich sein. Weil es dabei aber, wie gesagt, nicht um einen *therapeutischen* Prozeß geht, entfällt hier die Frage nach einer phasenspezifischen Indikation.

3.3.3. Identifizierungstechnik

3.3.3.1. Die Aneignung von Projektionen

Es mag überraschend sein, wenn ich nun unter der Überschrift »Identifizierungstechnik« einen Abschnitt über eine weitere Technik beginne, ohne diese im vorangegangenen Text schon erwähnt zu haben. Das hat mehrere Gründe. Der wichtigste liegt darin, daß wir *implizit* ständig schon mit dieser Technik zu tun hatten, weil sie auf die eine oder andere Weise in alle schon diskutierten Techniken sozusagen ›einfließt‹.

Ihr einen eigenen Abschnitt zu widmen, hat für mich nur zu einem Teil inhaltliche Gründe. Zum anderen Teil ist es eine Reverenz an Fritz Perls, für den diese von ihm selbst so bezeichnete Technik (vgl. 1974, S. 76) ganz besonders wichtig war. Er verstand sie im wesentlichen als eine Methode zur Bearbeitung von Träumen. Und Träume hatten für ihn eine große Bedeutung – darin liegt übrigens eine der wenigen Gemeinsamkeiten mit Freud, zu denen Perls sich selbst *gerne* bekannte. (Es gab viele andere Gemeinsamkeiten, die er nicht wahrhaben wollte; auf eine davon – seine gelegentliche Neigung, entgegen seiner erklärten Absicht zu interpretieren – werde ich später noch eingehen.)

Perls benutzte die Identifizierungstechnik jedoch nicht ausschließlich in der Traumarbeit, sondern auch bei Gelegenheiten, bei

denen er vermutete, daß Projektionen des Klienten eine Rolle spielten. Träume und Projektionen in gewissem Sinne gleich zu behandeln, lag für Perls insofern auf der Hand, als er Träume als eine Art Spezialfall von Projektionen betrachtete; das wird später noch klarwerden. Ich werde darum der Systematik zuliebe erst auf das generellere Phänomen der Projektion eingehen und danach auf die Träume.
Für Perls war eine Projektion »... die Tendenz, die Umwelt für das verantwortlich zu machen, was im Selbst begründet liegt« (1976, S. 53). Unter Verwendung des von mir benutzten Repräsentanzen-Begriffs heißt das: »Projektion« kennzeichnet den psychologischen Vorgang, durch den ein Mensch mehr oder weniger große Teile seiner Repräsentanz von sich selbst in seine Repräsentanz von einer anderen Person verschiebt. Durch die Projektion entsteht eine Verwechslung der Bezüge; es ergibt sich ein Irrtum darüber, *wer* mit einer bestimmten (Teil-)Repräsentanz gemeint ist. Die Person schreibt einem anderen Menschen zu, was zu ihr selbst gehört. Das Ergebnis ist, daß bestimmte eigene Eigenschaften, Impulse oder Bedürfnisse für sie fremdartig und in der Außenwelt vorfindlich erscheinen, wodurch nicht nur Schwierigkeiten in der Kommunikation mit anderen Menschen entstehen, sondern auch die eigenen Möglichkeiten reduziert werden.
Die prinzipielle therapeutische Strategie folgt daraus logisch: Für das Projizierte muß wieder die Verantwortung übernommen werden, die nach außen verschobene (Teil-)Repräsentanz muß wieder der Repräsentanz von der eigenen Person zugeordnet werden – kurz, die Person muß sich wieder mit dem *identifizieren,* was sie fälschlicherweise nicht mehr zu sich selbst rechnete. Die Identifizierungstechnik ist demnach nichts anderes als die Aufforderung des Therapeuten an den Klienten, dasjenige als einen Aspekt seiner selbst zu betrachten, das ihm vorher als Aspekt einer anderen Person (oder auch eines anderen Elementes der äußeren Welt) erschien. Dies geschieht praktisch dergestalt, daß der Therapeut dem Klienten vorschlägt, Aussagen über andere Personen in Aussagen über sich selbst umzuformulieren. Anstatt also z. B. über eine andere Person zu sagen »Sie ist sauer auf mich«, wird der Klient gebeten zu sagen »Ich bin sauer auf sie«.
Neben den Situationen, in denen der Klient etwas auf andere Menschen projiziert, gibt es noch eine Reihe anderer Gegebenhei-

ten, die eine gewisse Ähnlichkeit mit Projektionen haben und daher auch den Einsatz der Identifizierungstechnik ermöglichen. Ich möchte sie hier nur der Vollständigkeit halber erwähnen. Es handelt sich um Gegebenheiten, bei denen Teilrepräsentanzen der eigenen Person zwar nicht ganz nach außen, in andere Menschen, hineinverlegt, aber insofern auch entäußert werden, als sie nicht mehr mit Bewußtheit und Verantwortung als integraler Teil der ganzheitlichen Person, sondern nur noch als partialisiertes, mehr oder weniger fremdes, unzugängliches oder der eigenen Kontrolle entzogenes Phänomen erlebt werden.

Ich denke z. B. an bestimmte Symptome wie körperliche Spannungen oder Schmerzen: Der Klient kann ihnen mittels der Identifizierungstechnik eine Stimme verleihen und sie in Ich-Form sprechen lassen, um sich wieder zu eigen zu machen, wovon er sich durch die Entwicklung des Symptoms entfremdet hatte. Nach demselben Muster läßt sich mit bestimmten Gesten wie einer Handbewegung verfahren. Der Therapeut kann seinem Klienten vorschlagen, sich mit der Hand zu identifizieren, sie durch seinen Mund ›sprechen‹ zu lassen und sich auf diesem Weg Impulse oder Empfindungen anzueignen, die er zuvor ohne Bewußtheit in der Geste zum Ausdruck gebracht hatte.

Doch zurück zu den Projektionen: Sehen wir uns dazu ein Beispiel von Perls (»F«) an; er arbeitet mit John (»J«):

»J: ... ich glaube, du bist ein gottverdammter – ich glaube, du hast auch Konkurrenzprobleme! Du willst Gott sein, du willst deine ganze Produktion dieser Gruppe hier zur Schau stellen. Ich bin nicht davon überzeugt, daß das besser als eine Analyse oder eine private, vertrauliche Einzeltherapie ist, weißt du, vielleicht bist du bloß ein gottverdammtes protziges und aufgeblasenes Arschloch, das sich seine eigene Allmacht schon befriedigt, indem es hier heroben ist.

F: So, kannst du diese Rolle jetzt spielen? Spiel ein protziges Arschloch, ein allmächtiges. Spiel den Fritz, mit dem du eben geredet hast.

J: O Gott! Das will ich doch gerade nicht sein! Davor habe ich doch Angst, daß ich so sein könnte. Wenn ich wirklich – ich bin. Ein gottverdammter protziger Arsch wie du – na gut, ich tu's mal. Ahh. Wie fang ich das an? Ahh. O. K., also, du kommst hier herauf, um mir deine Probleme zu erzählen, und

ich will dir helfen, ja, ich will allen diesen Leuten helfen, die hier sitzen, denn du weißt ja, ich weiß wirklich *alles*. Gut. Gut. Ich bin Fritz Perls, ich weiß alles. Ich habe zwar keine dicken Bücher geschrieben, aber ich habe ein paar Dinge geschrieben, und ich bin fünfundsiebzig Jahre alt. Weißt du, da ich doch fünfundsiebzig Jahre alt bin und im vergangenen statt in diesem Jahrhundert geboren bin, müßte ich doch eigentlich alles wissen. Weißt du, ich weiß wirklich alles, denn *ich* bin doch schließlich *Doktor Fritz Perls,* zu dem ihr alle kommen solltet, um ihn zu hören.
F: Kannst du jetzt die gleiche Rolle als du selber spielen? Den gleichen Geist?
J: O Gott! Das will ich doch nicht sein. Na gut. Du bist hierhergekommen, um mich zu hören, *mich* – John. Ich bin großartig, ich bin wer, ihr alle solltet mir zuhören, denn *ich* habe etwas zu sagen. Ich *bin* wichtig. Ich bin *sehr* wichtig. Ich *bin* wichtig. Ihr solltet von mir lernen. *Ich* sollte *euch* nicht zuhören müssen ...« (1974, S. 215 f. – Hervorhebungen im Original).
Natürlich könnte man bezüglich dieses Transkripts ähnlich wie bei dem Text mit Gloria (vgl. Abschnitt 3.3.2.) fragen, ob Perls nicht sehr eigenmächtig die Deutungsmacht für sich in Anspruch nimmt und dem Klienten wenig Raum läßt, mit darüber zu befinden, in welchem Maße seine Sicht von Perls eine Projektion darstellt. Ich denke, es gibt einige Anhaltspunkte, die mir Perls' Vorgehen in diesem Fall akzeptabler erscheinen lassen als bei Gloria, obwohl es nicht meiner Vorstellung von einem dialogischen Vorgehen entspricht. Ich will das hier nicht im einzelnen diskutieren, sondern nur noch einmal betonen, daß auch die Diagnose einer Projektion nach meinem Verständnis der gestalttherapeutischen Beziehung eine *gemeinsame* Handlung von Therapeut und Klient ist.
Doch zurück zum technischen Aspekt dieses Transkripts: Wie man sieht, erleichtert Perls seinem Klienten in diesem Fall die Identifikation und geht in zwei Schritten vor. Zunächst läßt er John jenen Fritz Perls spielen, den John anfänglich in Perls sah. Danach fordert Perls John auf, *sich selbst* als jene Person zu beschreiben, die er im ersten Schritt gespielt hatte. Ich habe dieses Beispiel ausgewählt, weil es durch die deutliche Unterscheidbar-

keit der beiden Schritte klar nachvollziehbar macht, daß der Klient mittels der Identifikationstechnik letztlich nicht dazu aufgefordert wird, sich mit einer anderen *Person* zu identifizieren, auch wenn das zunächst so aussieht. Er wird vielmehr letztlich dazu angehalten, sich mit bestimmten *Eigenschaften* und/oder *Verhaltensweisen* zu identifizieren, die er der anderen Person zuschreibt und von denen der Therapeut vermutet, daß sie Projektionen des Klienten darstellen. Wenn diese Vermutung sich als richtig erweist, bedeutet die Aufforderung an den Klienten, sich mit der anderen Person (in unserem Beispiel mit Perls) zu identifizieren, im Grunde nichts anderes, als sich bestimmte *eigene* Eigenschaften oder Verhaltensweisen anzueignen, von denen er sich durch die Projektion entfremdet hat – genau das ist der Sinn eines solchen therapeutischen Vorgehens.
Der leere Stuhl kommt in dem zitierten Beispiel nicht explizit vor. Er kann im Zusammenhang mit der Identifizierungstechnik aber als der Ort benutzt werden, an dem die mit der Projektion versehene andere Person lokalisiert wird. Sodann wird der Klient gebeten, selbst diesen Platz einzunehmen und anstelle der anderen Person zu sprechen. Dies geschieht in der erwähnten Hoffnung und Absicht, der Klient werde die projizierten Eigenschaften oder Gefühle in dem Moment als seine eigenen wahrnehmen, in dem er ihnen in Ich-Form Ausdruck verleiht.
Nach dieser Strategie verfuhr Perls manchmal auch, nachdem er zuvor – unter Benutzung der Phantasiegespräch-Technik (dialogische Form, phantasierte Reaktion) – die Projektion selbst provoziert hatte. Die Arbeit mit Jean kann dafür als Beispiel gelten; es geht um die Ablösungsschwierigkeiten von ihrer Mutter. In diesem Zusammenhang sagt sie zur Mutter, die sie auf den leeren Stuhl phantasiert hat:

»... Mama, laß mich gehen.
F: Was *würde* sie sagen?
J: Ich kann dich nicht gehen lassen« (Perls, 1974, S. 162 – meine Hervorhebung).

Perls fordert die Klientin auf, sich vorzustellen, was die Mutter von Jean auf deren Bitte, sie gehen zu lassen, nach Jeans Meinung antworten *würde*. Er regt sie damit an, eine Reaktion der imaginierten Mutter zu imaginieren. Falls das Transkript hier vollständig ist, verzichtet Perls darauf, die Klientin zu einem Wechsel des Stuhls anzuleiten. In anderen Fällen tut er das aber durchaus. Doch da der Stuhl ohnehin nichts anderes als ein Requisit ist, ist das für die Verbindung der Phantasiegespräch-Technik mit der Identifizierungstechnik, um die es hier geht, nicht wesentlich. Wie sich in dem oben zitierten Transkript schon bei Perls' nächster Intervention zeigt, hat er seine Frage an die Klientin als eine *Aufforderung zur Projektion* gemeint oder wenigstens im Nachhinein so interpretiert:

»F: Was würde sie sagen?
J: Ich kann dich nicht gehen lassen.
F: Sag *du* das jetzt zu deiner Mutter.
J: Ich kann dich nicht gehen lassen.
F: Ja. Du hältst sie. Du hältst dich an ihr fest« (a.a.O. – Hervorhebung im Original).

Der von Perls in diesem wie auch vielen anderen Transkripten nur kurzzeitig eingeführte Wechsel der Perspektive erweist sich also bei genauer Betrachtung als eine Methode, auf dem ›Umweg‹ der mit der Technik induzierten und im nächsten Schritt der Klientin wieder überantworteten Projektion sein erklärtes Ziel zu verfolgen: Er benutzt auch hier wieder den leeren Stuhl dazu, »... andere Leute aufzunehmen, die wir brauchen, um *unser* Drehbuch zu verstehen« (Perls, 1976, S. 143 – meine Hervorhebung).

Ich kann nicht beurteilen, ob Perls diese Strategie bereits im Kopf hatte, als er die Klientin fragte, was die Mutter wohl sagen würde. Daß er darauf verzichtete, einen Wechsel des Stuhls vorzuschlagen, könnte man aber in diesem Sinne deuten. Wäre diese Deutung zutreffend, hätte Perls' Verhalten für mich etwas Manipulatives an sich, womit ich mich von meinem Verständnis der therapeutischen Beziehung her nicht wohl fühlen würde. Aber es ist ebensogut vorstellbar, daß Perls die Frage wirklich als Frage meinte und erst die Antwort der Klientin ihn auf die Idee brachte, es könne sich dabei um eine Projektion handeln.

Bestimmte Übungen und Experimente, wie sie z. B. von Enright (1972) vorgeschlagen werden, gehen eindeutig und offen nach dieser Strategie vor. Sie *induzieren* die Projektion zunächst dadurch, daß der Klient aufgefordert wird, sich einen beliebigen Gegenstand im Raum herauszusuchen, um diesem dann seine Stimme zu ›leihen‹ und in Ich-Form sprechen zu lassen. Auf diese Weise wird dem Klienten ausreichend Information zur Verfügung gestellt, die ihm ermöglicht, darüber zu entscheiden, ob er sich von dem Experiment einen Nutzen für sich verspricht und daran teilnehmen will.

3.3.3.2. Die Bearbeitung von Träumen

Nach demselben Muster wie mit Projektionen verfuhr Perls mit Träumen, bei deren Bearbeitung er die Identifizierungstechnik am häufigsten verwendete. Er ging dabei von einer ebenso einfachen wie bestechenden Idee aus: »Ich bin überzeugt, daß jeder Teil des Traums ein Teil deiner selbst ist – nicht nur die Personen, sondern jede Einzelheit, jede Stimmung, alles, was dir über den Weg läuft. (...) Ich lasse den Patienten all diese Teile spielen, denn nur durch echtes Spielen kannst du zur vollen Identifikation gelangen, und diese Identifikation ist das Gegenmittel gegen *Entfremdung*. *Entfremdung* bedeutet ›Das bin nicht ich, das ist etwas anderes, etwas Fremdes, etwas, das nicht zu mir gehört‹. Und häufig begegnet man einem ziemlichen Widerstand dagegen, diesen entfremdeten Teil zu spielen. Man will die Teile von sich, die man aus seiner Persönlichkeit hinausgestoßen hat, nicht zurücknehmen und will sie sich nicht wieder aneignen« (1974, S. 129 – Hervorhebungen im Original).

In dieser Sicht werden alle Traumelemente, ob Menschen oder Gegenstände, als Aspekte der träumenden Person verstanden, von denen er sich via ›Projektion‹[62] auf seine innere Traumleinwand bzw. auf die verschiedenen Traumelemente entfremdet hat. Die therapeutische Strategie besteht folglich darin, den Klienten zu einer Identifikation mit den einzelnen Traumelementen einzuladen. Auf diesem Weg soll die Wiederaneignung der entfremdeten Aspekte durch den Klienten und damit die Integration seiner Persönlichkeit gefördert werden.

Wie bei allen Techniken mit dem leeren Stuhl ist auch bei der Identifikationstechnik der Einfluß des Theaters und des Psychodramas unverkennbar, und Perls bekannte sich dazu: »Ich möchte noch ein paar Worte zur – nennen wir sie vorerst ruhig so –

---

[62] Ich setze das Wort Projektion in Parenthese, da es hier in einem etwas unüblichen Sinne auftaucht.

Traumtechnik sagen. Im historischen Kontext gehen ihre Ursprünge auf zwei andere Psychiater zurück: Einer davon ist Moreno und sein Psychodrama«[63] (Perls u. Baumgardner, 1990, S. 190). Zinker, der sogar von der »dream-theater technique« (in: Smith, 1992, S. 79) spricht, berichtet von Perls: »... Perls did think of the dream in theatrical language. He spoke of the ›characters‹ on the ›stage‹ of the person's existence. He had the dreamer ›play‹ the different ›parts‹ in his ›production‹« (a.a.O., S. 77[64]). Wie beseelt Perls von seiner Idee war, läßt sich aus dem folgenden Zitat herauslesen: »Nehmt jeden Menschen, jedes Ding, jede Stimmung und arbeitet dann an ihnen, um jedes einzelne von ihnen zu *werden*. Übertreibt es und verwandelt euch wirklich in jeden dieser verschiedenen einzelnen Teile. *Werdet* dieses Ding wirklich – was es auch ist in einem Traum – *werdet* es. Gebraucht eure Zauberkraft. Verwandelt euch in diesen häßlichen Frosch oder was da auch sei – ein totes Ding, ein lebendiges Ding, ein Dämon – und hört auf zu denken« (1974, S. 76 f.).

Diese Art, Träume zu betrachten und zu bearbeiten, wurde von sehr vielen, wenn nicht der Mehrheit der Gestalttherapeuten übernommen (vgl. z. B. Enright, in: Fagan u. Shepherd, 1971, S. 121 f., oder Simkin, 1978, S. 79 ff., oder Alban u. Groman, 1975).

Nur wenige haben sich vorsichtig (z. B. E. u. M. Polster, 1975, S. 248 ff.) oder nachdrücklich davon abgesetzt (z. B. From, in: Smith, 1992). Erst in jüngster Zeit wurde die gestalttherapeutische Arbeit mit Träumen wieder ein ausdrückliches Diskussionsthema, z.B. im Rahmen einer Podiumsdiskussion auf dem nordamerikanischen Gestalttherapie-Kongreß im Frühjahr 1993 in Montreal.[65]

---

[63] Als zweiten erwähnt er »... Carl Rogers mit seiner Feedbacktechnik. Nur, ich benutze für das Feedback nicht bloß Sätze. Ich gebe das Erlebnis zurück ...« (a.a.O.).

[64] »Perls verwendete bei seinen Gedanken über den Traum eine theatralische Sprache. Er redete von ›Charakteren‹ auf der ›Bühne‹ der Existenz eines Menschen. Er ließ den Träumer die verschiedenen ›Rollen‹ in seiner ›Produktion‹ ›spielen‹.«

[65] Eine Teilnehmerin vertrat den Standpunkt, Träume stellten Hinweise auf verdrängte Kindheitserinnerungen dar. So sei z. B. die Gewalttätigkeit einer Traumfigur nicht im Perlsschen Sinne als Ausdruck der Gewalttätigkeit des Träumers zu verstehen, sondern als Anzeichen einer Gewalttätigkeit, die der Träumer als Kind durch andere erfahren habe.

So sehr Perls sich auch mit Freud grundsätzlich über die große Bedeutung von Träumen für die Therapie einig war, grenzte er sich doch nachhaltig davon ab, *wie* die Bearbeitung von Träumen nach Freud gehandhabt wurde. Während die Psychoanalyse sich im wesentlichen auf die Traum*deutung* konzentrierte, betonte Perls gerade in diesem Zusammenhang: »... meine ganze Technik entwickelt sich immer mehr dahin, *nie, niemals zu interpretieren*. Lediglich zurückgeben, back-feeding, dem anderen Menschen eine Gelegenheit verschaffen, sich selbst zu entdecken« (1974, S. 129 – Hervorhebung im Original).

Vielleicht war Perls noch zu sehr von seiner psychoanalytischen Vergangenheit geprägt, um zu bemerken, daß er selbst es war, der mit seiner oben zitierten Traumtheorie von einer Interpretation sehr grundlegender Art ausging: »Ich bin überzeugt, daß jeder Teil des Traums ein Teil deiner selbst ist ...« In den Begriffen, die ich in Abschnitt 2.1. benutzt habe, heißt das, Perls verstand alle Traumelemente als Repräsentanzen des Träumers von sich selbst; das ist natürlich auch eine *Deutung*. (Darin liegt die oben angekündigte, verleugnete Gemeinsamkeit mit Freud.) Perls schloß damit theoretisch von vornherein aus, daß ein Traumelement die Repräsentanz des Klienten von anderen Personen oder auch etwas ganz anderes bedeuten könnte.

Auf theoretischer Ebene widersprach er nach meiner Meinung damit zum Teil seinem selbstgesetzten Anspruch, auf Interpretationen zu verzichten und »dem anderen Menschen eine Gelegenheit (zu) verschaffen, sich selbst zu entdecken«. Denn die von Perls vorausgesetzte Interpretation engt die Möglichkeiten dessen ein, was der Klient entdecken kann. Anders gesagt: Wenn man die Identifizierungstechnik im Zusammenhang mit Träumen anwendet, muß man sich darüber im klaren sein, daß man mit einer in der Technik enthaltenen *Deutung* arbeitet. Von deren Richtigkeit für den Klienten kann man nicht sicher ausgehen; sie muß immer überprüft werden.

Die Überprüfung kann entweder vorab, vor dem Einsatz einer speziellen Technik, im Gespräch zwischen Klient und Therapeut geschehen. Sollte sich bei diesem ersten Schritt herausstellen, der Klient empfindet das eine oder andere Traumelement als eine Seite seiner selbst oder hat zumindest eine solche Vermutung, kann im zweiten Schritt die Identifizierungstechnik angewandt werden, um

dem Klienten bei der bewußten Aneignung dieser Seite und der Entdeckung ihrer Bedeutung zu helfen. Der Nachteil dieses Vorgehens liegt in der Möglichkeit, daß der erste Schritt ein eher abstraktes Reflektieren bleibt und zu keiner deutlichen Resonanz im Klienten führt. Das wäre jedoch nicht weiter schlimm, denn es gibt auch einen anderen Weg, der dann immer noch offensteht.
Hier findet die notwendige Überprüfung durch die unmittelbare Anwendung der Identifizierungstechnik statt. Das hört sich fast wie ein Widerspruch an: Wie sollte durch die Anwendung dieser Technik die in ihr enthaltene Deutung überprüft werden, ohne daß schon durch ein solches Vorgehen die Deutung suggestiv vermittelt würde und eigentlich nur noch bestätigt werden könnte? Der Widerspruch läßt sich nur umgehen, wenn der Therapeut eigene Vermutungen weitgehend »einklammert« (vgl. Husserl, 1980, S. 53 ff.) und dem Klienten die Identifizierungstechnik explizit als ein *Experiment zur Überprüfung der in ihr enthaltenen Deutung* anbietet.
Er könnte dem Klienten dabei etwa die folgende Botschaft vermitteln: »Ich weiß nicht, ob dieser Aspekt deines Traumes ein Symbol für etwas anderes ist, bzw., wenn er es sein sollte, wofür er steht. *Eine* Möglichkeit könnte sein, daß er für eine Seite von dir selbst steht. Ich schlage dir vor, das einmal zu überprüfen, indem du dich mit diesem Traumelement identifizierst. Konkret heißt das: Versetze dich einmal da hinein, verleihe ihm eine Stimme und laß es in Ich-Form von sich selbst sprechen. Achte dabei darauf, ob und welche Empfindungen das in dir auslöst.« Mit diesem Vorgehen kann der Klient nun auf mehr erlebnisorientierte Art herausfinden, ob er sich in dem fraglichen Traumelement wiedererkennt oder nicht.
Durch die Anwendung der Identifizierungstechnik allein gelangen manche Klienten zu für sie wertvollen Evidenzerlebnissen. So kann es durchaus nützlich für einen Klienten sein, sich nach und nach mit den verschiedenen Elementen eines Traumes zu identifizieren und dabei unbekannte oder ungelebte Seiten seiner selbst (wieder) zu entdecken und sich zumindest ansatzweise anzueignen. Gestalttherapeutische Traumarbeit nach Perls kann also in der *ausschließlichen* Anwendung der Identifizierungstechnik bestehen.

Sie muß sich aber nicht darauf beschränken. Denn durch die sich zunächst ereignenden Identifizierungen kann ein weitergehender Prozeß in Gang kommen. Das ist besonders dann der Fall, wenn für den Klienten Polaritäten, Konflikte oder andere Zusammenhänge zwischen verschiedenen Traumelementen spürbar werden. Manchmal geschieht das spontan, manchmal sind dafür Anregungen durch den Therapeuten nötig.

Für Fritz Perls waren solche Zusammenhänge, besonders jene in der Form von Polaritäten, ein häufiger Bestandteil seiner Arbeit mit Träumen. Er forderte die Teilnehmer seiner Workshops auf: »Nehmt als nächstes jede dieser verschiedenen Einzelheiten, Charaktere und Teile und laßt sie aufeinander treffen. Macht einen Dialog. Mit ›macht einen Dialog‹ meine ich, führt ein Zwiegespräch zwischen den beiden gegensätzlichen Teilen; ihr werdet herausfinden – vor allem, wenn ihr die genauen Gegenteile habt –, daß sie immer damit anfangen, sich gegenseitig zu bekämpfen. All die verschiedenen Teile – jeder Teil im Traum bist du selbst, ist eine Projektion deiner selbst, und wenn es da unvereinbare Seiten, sich widersprechende Seiten, gibt, und ihr benutzt sie, indem ihr sie gegeneinander kämpfen laßt, da ist es auch schon, das ewige Konflikt-Spielchen, das Selbstquälerei-Spielchen« (1974, S. 77).

Für diese beiden Spielarten der Traumarbeit – Identifizierung und »Zwiegespräch« – gibt es in den Büchern von Perls eine Fülle von Beispielen. Meist verband Perls die beiden miteinander. Seine oben diskutierte grundsätzliche Deutung, Traumelemente als Repräsentanzen des Träumers seiner selbst aufzufassen, hatte zur Folge, daß die Gespräche, die seine Klienten während einer Traumarbeit mit Hilfe eines leeren Stuhls führten, in der Regel *Selbst*gespräche waren. Dies wird auch an den letzten Zeilen des obigen Zitats deutlich. Bezogen auf meine Unterscheidung der verschiedenen Techniken mit dem leeren Stuhl läßt sich daher sagen: Perls' Grundannahme über die Bedeutung von Träumen veranlaßte ihn dazu, bei der Traumarbeit neben der Identifizierungstechnik vor allem die Selbstgespräch-Technik anzuwenden.

Perls war in der praktischen Arbeit jedoch flexibel genug, die durch seine theoretische Interpretation gesetzten Begrenzungen aufzugeben, wenn ein Klient sie nicht übernehmen wollte. Als schönes Beispiel dafür kann seine Arbeit mit Chuck gelten, in deren Verlauf Chuck wiederholt auf einer Unterscheidung jener

Repräsentanzen besteht, die sich auf ihn selbst, und jener, die sich auf andere beziehen. Chuck (»Ch«) schildert seinen Traum:

»Ch: (...) Ich fahre den Berg hinunter, in meinem Auto, und mein kleiner Junge läuft mir vor das Auto, und ich fahre ihn an, und das ist ziemlich erschreckend. (...)
F: Spiel einfach das Auto – als ob du das Auto wärst.
Ch: Ich fahre – dem Auto ein eigenes Leben geben, das es nicht hat?
F: Ja.
Ch: *Ich* habe das Leben. Das Auto tut, was ich ihm sage. (...)
F: Sag das zum Auto.
Ch: Auto, du tust, was ich dir sage. (...) Auto, ich fahre dich, und nicht umgekehrt.
F: Spiel jetzt diesen Jungen. Träume den Traum aus der Sicht des Jungen.
Ch: O. K. Da kommt Papis Auto die Straße herab, und ich hab Papi lieb, und ich möchte hinauslaufen und – äh ›Grüß dich‹ zu Papi sagen, und plötzlich – plötzlich fährt mich dieses Auto an. Warum?
F: (Grimassen schneidend) Das ist ein komischer Junge. In dem Augenblick, wo ihn das Auto anfährt, fragt er ›warum‹. (Lachen)
Ch: Na ja, wohlgemerkt, ich mache den Jungen bloß nach. Und ich *weiß* ja nicht, was er denkt, das ist bloß, was – was mir kommt, daß er denkt.
F: Okay ...« (Perls, 1984, S. 173 f. – Hervorhebungen im Original)

Sowohl hinsichtlich des Autos als auch des Jungen besteht Chuck darauf, daß diese Traumelemente für ihn keine Repräsentanzen von ihm selbst, sondern eben von dem Auto und dem Jungen sind. Unter technischem Blickwinkel gesehen heißt das, Chuck entscheidet sich – natürlich ohne einen Begriff davon zu haben – hinsichtlich des Autos für die Benutzung der Phantasiegespräch-Technik (monologische Form) und hinsichtlich des Jungen für die Rollenspiel-Technik. Perls akzeptiert das.

Obwohl es eine Ausnahme darstellt, habe ich dieses Beispiel gewählt, weil es zeigt, wie Perls' stillschweigende Aufgabe seiner Grundannahme für den Klienten zu einer *Erweiterung* seiner Möglichkeiten führt, sich mit dem Traum zu beschäftigen. Die für ihn ungewöhnliche Art, wie Perls mit Chuck an dieser Stelle und auch im weiteren Verlauf der Arbeit umgeht, illustriert von daher weniger die von ihm selbst explizit vertretene Ansicht über Traumarbeit in der Gestalttherapie. Sie läßt sich eher als ein Beispiel dafür betrachten, was E. und M. Polster zu diesem Thema sagen: »Obwohl es möglich ist, mit dem Traum ausschließlich als Projektion zu arbeiten, ist es doch eher eine stilistische Vorliebe denn theoretisches Dogma. Dem Gestalttherapeuten stehen sehr viele Alternativen zur Verfügung, unter denen er die wählen wird, von der er glaubt, sie sei die beste Methode, um mit dem Traummaterial zu arbeiten. Die Auswahl mag vom bestimmten Patienten abhängen, dem der eine Ausgangspunkt eher liegt als der andere. Oder es kann auch vom Therapeuten selbst abhängen, der seine eigenen Fähigkeiten kennt und mit Methoden arbeitet, die mit seinem persönlichen Stil vereinbar sind« (1975, S. 251).

Ervin und Miriam Polster beziehen damit eine liberale Position, die offen für alle Möglichkeiten ist[66] und inhaltlich neutral bleibt. Damit werden sie nach meiner Meinung am ehesten den phänomenologischen und dialogischen Grundpositionen der Gestalttherapie gerecht, die vom Therapeuten verlangen, sich auch den Träumen des Klienten zunächst ohne theoretische Vorannahmen zu widmen.

Neben E. und M. Polster gibt es einen weiteren prominenten Gestalttherapeuten, der sich im Zusammenhang mit Fragen der Traumarbeit klar von Perls abgesetzt hat. Im Unterschied zur erwähnten Liberalität der Polsters hat er allerdings einen dezidierten anderen inhaltlichen Standpunkt entwickelt[67]: Isadore From sagt: »... we have tended to deal with dreams ... almost exclusively, I think, as if they were projections ... This seems to me useful but inandequate. What it fails to recognize or perhaps doesn't recognize enough is that *a dream is importantly a retroflection*. To regard dreams only as a projection of the self is to ignore the contact of

---

[66] Eine ganze Reihe von Möglichkeiten, mit Träumen zu experimentieren, schlägt Redmountain (1978) vor.

[67] From sagt zwar: »And I'm not suggesting this as the *only* way of dealing with dreams, but as one way« (1992, S. 47 – Hervorhebung im Original). Froms Art, seine Thesen zu vertreten, wirkt auf mich allerdings ähnlich ausschließlich wie die von Perls. Sie wird auch entsprechend rezipiert (vgl. Müller, 1993).

the patient and the therapist. Because he tended to ignore this contact is why I think Perls so frequently used the empty seat – which ignores the actual contact of the therapist and the patient. ... what if we consider the patient's or client's dream as a retroflection which was somehow intended for the therapist?« (in: Smith, 1992, S. 43[68] – Hervorhebung von mir). – In diesem Zitat läßt sich übrigens unschwer jene von mir in der Einleitung erwähnte Kontroverse zwischen dem eher technisch-orientierten und dem eher interpersonellen Stil innerhalb der Gestalttherapie erkennen (vgl. Yontef, 1991a).

Froms Deutung von Träumen läßt sich wie folgt beschreiben: Der Klient hat eigentlich dem Therapeuten eine Mitteilung zu machen, wendet sich damit aber nicht primär an diesen, sondern an sich selbst, indem er träumt und sich so die Mitteilung selbst macht. Erst wenn er den Traum später erinnert und dem Therapeuten erzählt, macht er die Retroflektion tendenziell wieder rückgängig. Müller sieht hierin eine »... *genuin eingebaute Auflösung der Retroflexion*[69]. Die Person erzählt uns mit Hilfe eines Traumes, was er oder sie uns (noch) nicht fähig ist, auf *andere* Weise direkt zu erzählen« (1993, S. 37 – Hervorhebungen im Original).

From (in: Smith, 1992, S. 44) illustriert seine Theorie anhand eines Beispiels. Darin träumt ein ansonsten sehr ordentlicher Klient davon, sein Büro in einem ausgesprochen unordentlichen Zustand vorzufinden. Im Gegensatz zu Perls, der diesem Klienten vermutlich vorgeschlagen hätte, sich mit dem unordentlichen Büro zu identifizieren, reagiert From, indem er seinen Klienten fragt, in-

---

[68] »... wir haben dazu geneigt, mit Träumen beinahe ausschließlich umzugehen, als seien sie Projektionen ... Das scheint mir nützlich aber unzureichend. Was dabei übersehen oder vielleicht nicht genug gesehen wird, ist, daß *ein Traum im wesentlichen eine Retroflektion ist.* Träume nur als Projektion des Selbst zu verstehen heißt, den Kontakt zwischen Patient und Therapeut zu ignorieren. Weil er dazu neigte, diesen Kontakt zu ignorieren, benutzte Perls nach meiner Meinung so oft den leeren Stuhl – wodurch der aktuelle Kontakt zwischen Therapeut und Patient ignoriert wird. ... wie wäre es, den Traum des Patienten oder Klienten als eine Retroflektion zu betrachten, die irgendwie für den Therapeuten bestimmt war?«

[69] Die Auflösung der Retroflektion ist natürlich nicht »*genuin* eingebaut«, sondern Konsequenz der vorgängig stattgefundenen Deutung des Traums als Retroflektion.

wiefern er, der Therapeut, dem Klienten unordentlich vorkäme. Daraufhin macht der Klient kritische Anmerkungen zur Kleidung des Therapeuten, der im nächsten Schritt fragt, was den Klienten davon abgehalten habe, seine Kritik direkt zu äußern.

Wenn man sich den in diesem Beispiel geschilderten Dialog vorstellt, kann man sich mit From den Fortgang des Gesprächs eher als einen Austausch über die Beziehung zwischen Klient und Therapeut ausmalen und weniger als eine Traumarbeit, bei der eine der Techniken mit dem leeren Stuhl zur Anwendung kommt. From nähert sich dem Traum seines Klienten mit einer Frage, die er an sich selbst stellt: »What am *I* doing that makes it difficult for my patient to express this directly to me?« (a.a.O., S. 45[70] – Hervorhebung im Original). Er begründet seinen Ansatz mit der Aussage: »... it would be odd for us to ignore ... the fact that the dream is now being told to this particular therapist ...« (a.a.O.[71]).

Wie ich schon angedeutet habe, scheint mir Froms Position ähnlich einseitig wie die von Perls. Wenn man – From folgend – Perls vorwerfen kann, er vernachlässige mit seiner Traumdeutung den Beziehungsaspekt und konzentriere sich ausschließlich auf intrapersonelle Aspekte, so könnte man analog an Froms Standpunkt kritisieren, er beziehe die Träume seiner Klienten zu ausschließlich auf sich und vernachlässige dabei den intrapersonellen Aspekt. Bei aller Richtigkeit der Betonung des Beziehungsaspektes in der Interaktion zwischen Therapeut und Klient gibt es auch hier die Gefahr, über das Ziel hinauszuschießen und, wie Moser es nennt, »die Übertragung zu monopolisieren« (1990, S. 11).

Mir scheint, sowohl Perls als auch From stellen zu wenig in Rechnung, daß sie über die Bedeutung, die der Traum für den Klienten hat, erst einmal nichts wissen können, und es darum zunächst darum gehen muß, den Klienten beim Finden eines *eigenen* Ansatzes zu unterstützen, anstatt ihm die Theorie des Therapeuten mehr oder weniger direkt überzustülpen.

Genau betrachtet ist der Traum nach meiner Meinung so lange bedeutungslos, wie der Klient ihm keine Bedeutung gibt. Die Vergabe von Bedeutungen beginnt dann aber schon mit der ebenso alten

---

[70] »Was tue *ich,* das es dem Klienten schwermacht, sich mir gegenüber direkt auszudrücken?«
[71] »Es wäre sonderbar, die Tatsache zu ignorieren, daß der Traum jetzt diesem bestimmten Therapeuten erzählt wird.«

wie weit verbreiteten Annahme, Träume enthielten wichtige Botschaften für den Träumer, oder auch mit ihrem krassen Gegenteil, nach dem Träume nur ›mentalen Salat‹ darstellen. Der Traum ist zunächst das geistige Produkt des Klienten, das er in einem bestimmten Bewußtseinszustand, dem Traumbewußtsein, geschaffen hat. Es mag sein, daß der Traum für den Klienten innerhalb dieses Bewußtseinszustands eine Bedeutung hatte, aber die Bedeutung ist nicht unabhängig vom Bewußtseinszustand[72]. Der Traum und das ihn hervorbringende Traumbewußtsein gehören – in aller Regel – während der Therapiestunde bereits der Vergangenheit an. Der Klient erinnert sich nun, in einem anderen Bewußtseinszustand, nämlich seinem Wachbewußtsein, an den Vorgang des Träumens sowie an die Trauminhalte und verleiht ihnen jetzt eine *neue* Bedeutung.

Ich sehe Traumarbeit darum als einen dialogischen Prozeß, in dessen Verlauf der Klient unter Mitwirkung des Therapeuten seiner Erinnerung an bestimmte Trauminhalte eine *aktuelle* Bedeutung zuschreibt: »... the activities of the patient during dreamwork are real actions and real reactions to the fantasy of the dream in the *present*« (Alban u. Groman, 1975, S. 151[73] – Hervorhebung von mir). Die dabei entstehende Bedeutung ist darum immer vom Therapeuten und seiner Haltung mitbestimmt. Mir scheint es dem Geist der Gestalttherapie am ehesten zu entsprechen, wenn diese Haltung die einer »kultivierten Unsicherheit« (vgl. Staemmler, 1994a) ist, bei der der Therapeut sich der Offenheit der Situation stellt, anstatt sie von Vornherein mit eigenen Deutungen einzuen-

---

[72] Daß Traum- und Wachbewußtsein meist als recht unterschiedliche, voneinander getrennte oder auch widersprüchliche Bewußtseinszustände erlebt werden, ist eine Erscheinung unserer Kultur, die dem Wachbewußtsein Wirklichkeitscharakter zubilligt, nicht aber dem Traumbewußtsein. Ohne diese Unterscheidung könnte der Wunsch nach einer Deutung des Traums – d. h. nach der Übersetzung seiner Inhalte von einem Bewußtseinszustand in den anderen – gar nicht entstehen: »Als Pythagoras gefragt wurde, was es bedeute, daß er im Traum mit seinem verstorbenen Vater gesprochen habe, soll dieser zur Antwort gegeben haben, daß dies überhaupt nichts *bedeute,* da er ja in Wirklichkeit mit seinem Vater gesprochen habe« (Niessen, 1993, S. 12 – Hervorhebung im Original).

[73] »... die Aktivitäten des Patienten während der Traumarbeit sind reale Aktionen und Reaktionen auf die Phantasie des Traums in der *Gegenwart.*«

gen. Ihm stehen dann alle denkbaren Vorgehensweisen zur Verfügung, die sich sinnvoll aus seinem Dialog mit dem Klienten ergeben.

Als Konsequenz aus den vorangegangenen Überlegungen möchte ich die folgende Empfehlung geben: Wenn im Zusammenhang mit der Bearbeitung von Träumen auf Techniken mit dem ›leeren Stuhl‹ zurückgegriffen wird – was natürlich nicht notwendig ist, sondern nur eine von vielen technischen Möglichkeiten darstellt –, sollte der Therapeut dies zunächst im Sinne der Anwendung der Rollenspiel-Technik tun. Der Klient hat mit ihr die Möglichkeit, ohne vorgängige und einschränkende Interpretationen Hypothesen darüber zu bilden, für wen oder was ein Traumelement für ihn stehen könnte. Sobald dies geklärt ist, kann der Therapeut bei Bedarf die Technik wechseln. Sollte der Klient entdeckt haben, daß das Traumelement für ihn möglicherweise einen Teil seiner selbst repräsentiert, wäre die Weiterarbeit mit Hilfe der Identifizierungstechnik und später eventuell der Selbstgespräch-Technik sinnvoll. Sollte der Klient in dem Traumelement aber die Repräsentanz von einer anderen Person entdecken, empfiehlt es sich, die Arbeit mittels der Phantasiegespräch-Technik fortzusetzen.[74] Der Wechsel von einer Technik zur anderen sollte dabei vom Therapeuten in seinen Interventionen und in deren szenischen Umsetzungen immer möglichst deutlich markiert werden.

---

[74] Das gilt selbstverständlich nur für den Fall, daß die entsprechende Person nicht real anwesend ist.

4. Schlußbemerkungen

Ich habe in den vorangegangenen Kapiteln versucht, differenziert darzulegen, welches Verständnis ich in den letzten Jahren von den verschiedenen gestalttherapeutischen Techniken entwickelt habe, die unter Einbeziehung eines leeren Stuhls verwendet werden können. Ich habe sie der Einfachheit halber als »die Techniken mit dem leeren Stuhl« bezeichnet und betont, daß diese Techniken zwar einen besonders bekannten, aber doch nur *einen* Ausschnitt aus dem technischen Repertoire darstellen, das in der Gestalttherapie heutzutage Anwendung findet.
Ihre prominente Stellung, die sie im öffentlichen Bild von der Gestalttherapie immer noch einnehmen und die für mich Anlaß war, mich ihnen mit diesem Buch zuzuwenden, läßt sich historisch insofern verstehen, als Fritz Perls sie zu jener Zeit bevorzugt benutzte, in der die Gestalttherapie bekannt wurde. Dieser geschichtliche Zusammenhang prädestiniert die Techniken mit dem leeren Stuhl zugleich dafür, mißverstanden, ihres Sinnes entleert oder zum Nachteil der Klienten angewandt zu werden: »The techniques tend to be imitative of those used by the leaders of their schools. They are the ›bag of tricks‹, most prone to artificial repetition rather than artful use and creative innovation. They may be very valid and effective when integrated into an organically artistic whole process. The techniques of Gestalt therapy tend to be action-experience oriented devices. They are among those most prone to unartful abuse« (Hall, in: Smith, 1992, S. 63[1]).
Daß Perls die Techniken mit dem leeren Stuhl in jener Zeit so sehr in den Vordergrund brachte, hatte zu einem großen Teil mit seiner Absicht zu tun, die von ihm entwickelte Therapieform zu *demon-*

---

[1] »Techniken sind oft Imitationen jener Methoden, die der Führer einer Schule benutzte. Sie sind ein ›Sack voller Tricks‹ und äußerst anfällig für gekünstelte Nachahmung anstatt für kunstvollen Gebrauch und kreative Innovation. Sie mögen sehr wertvoll und effektiv sein, wenn sie in einen organischen, künstlerischen und ganzheitlichen Prozeß integriert sind. Die Techniken der Gestalttherapie sind eher Handlungs- und Erfahrungs-orientierte Werkzeuge. Sie gehören zu jenen, die am anfälligsten für Kunstfehler und Mißbrauch sind.«

strieren. Die theatralische Inszenierung, die er dafür wählte, paßte natürlich auch ausgezeichnet zu zentralen Zügen seiner Persönlichkeit: Er saß sozusagen auf der Bühne, die die Teilnehmer seiner Seminare für kurze Zeit betraten, um mit ihm zu arbeiten. Die Techniken, die ihre Wurzeln im Expressionismus, im Theater und im Psychodrama haben (vgl. Abschnitt 3.2.), fügten sich nahtlos in diese Inszenierung ein, nicht zuletzt weil sie ohne Zweifel einen gewissen Unterhaltungseffekt für die Zuschauer, die anderen Seminarteilnehmer, garantierten.

Im Rahmen dieser Demonstrationsseminare trat die Bedeutung der Beziehung zwischen Therapeut und Klient in den Hintergrund. Das hatte zur Folge, daß die Gestalttherapie häufig mit den von Perls bevorzugt benutzten Techniken gleichgesetzt wurde. Doch Gestalttherapie ist nicht »Perlsismus« (vgl. Dublin, in: Smith, 1976) und schon gar nicht eine Reihe von Techniken.

Deshalb war es mir besonders wichtig, die übergeordnete Bedeutung einer dialogischen therapeutischen Beziehung und die ihr nachgeordnete Bedeutung von Techniken – nicht nur in Abschnitt 2.2.1., sondern auch im weiteren Text immer wieder – festzustellen. Unter dieser Voraussetzung war es mein Anliegen, zu einer, wie mir scheint, bislang vernachlässigten, differenzierten Auseinandersetzung mit gestalttherapeutischer Technik beizutragen. Denn wie Yontef meine ich: »The emphasis on the relationship makes the use of techniques more sophisticated« (1991b, S. 114[2]).

In diesem Sinne habe ich auf verschiedenen Ebenen einige Differenzierungen vorgenommen und dabei eine Reihe von Techniken herausgearbeitet und benannt, die der Therapeut seinem Klienten unter Verwendung eines leeren Stuhls oder eines äquivalenten Requisits (oder auch eines nicht-gegenständlichen, symbolischen Platzhalters) zur Verfügung stellen kann. Die Tabelle auf der folgenden Seite gibt eine zusammenfassende Übersicht über die einzelnen Techniken sowie über deren allgemeine und phasenspezifischen Indikationen.

Diese Tabelle faßt mein derzeitiges Verständnis von den Techniken mit dem leeren Stuhl zusammen. Sie wird natürlich nicht allen Details gerecht, die ich im vorangegangenen Text erwähnt habe.

---

[2] »Die Betonung auf der Beziehung macht den Gebrauch von Techniken raffinierter.«

Tabellarische Übersicht über
die Techniken mit dem leeren Stuhl und ihre Indikationen

Bezeichnung	allgemeine Indikationen	phasenspezifische Indikationen
Selbstgespräch-Technik		
– unfruchtbares Selbstgespräch	Konflikte zw. ›falschen‹ Alternativen	Stagnation
– fruchtbares Selbstgespräch	Konflikte zw. ›echten‹ Alternativen	Polarisation
– modifizierte Form	Spaltungen	Stagnation
Phantasiegespräch-Technik		
– monologische Form	Themen mit wichtigem Bezug zu anderen Personen	alle Phasen
– dialogische Form		
– phantasierte Reaktion	keine	keine
– Rollenspiel		
– inszenierte Repräsentation	in Ausnahmefällen: wie monolog. Form	Stagnation, Polarisation
– Hypothesenbildung	Hypothesenbildung über andere Personen	(entfällt)
Identifizierungstechnik	Projektionen, manche Trauminhalte	Stagnation

Noch weniger kann sie als eine erschöpfende Darstellung aller technischen Möglichkeiten und Varianten verstanden werden, die mit dem leeren Stuhl denkbar sind. Sie soll nur das grundlegende Raster abbilden, das ich zu erarbeiten versucht habe, um eine grobe Ordnung in die Fülle der technischen Alternativen zu bringen.

Diese Ordnung wird für den kreativen Gestalttherapeuten zweifellos nicht als Vorschrift dienen, an die er sich halten könnte oder zu halten hätte. Er wird sie wahrscheinlich eher als Ausgangsbasis oder Anregung für die Entwicklung seiner eigenen (teilweise sicher von den meinen abweichenden) Vorstellungen nutzen. Mir selbst hat diese Ordnung sehr geholfen, die Techniken mit dem leeren Stuhl sinnvoll, flexibel und in immer wieder neuen Formen und Kombinationen zu verwenden, ohne dabei die Orientierung zu verlieren. Wenn es eine Ordnung gibt, von der man ausgehen und zu der man bei Bedarf zurückkehren kann, läßt sich mit ihren Elementen leichter jonglieren.

Welche Ordnung auch immer man zugrunde legt, gestalttherapeutische Techniken dienen im wesentlichen dazu, dem Klienten Zugänge zur Bewußtheit zu schaffen. Die Techniken mit dem leeren Stuhl wählen *einen* bestimmten Zugang unter vielen möglichen, nämlich einen eng mit dem *Ausdruck* interner Vorgänge verbundenen. Sie sind *expressive* Techniken (vgl. Naranjo, in: Hatcher u. Himelstein, 1976). Sie veranlassen den Klienten, das innere Drama zum Ausdruck zu bringen, das in ihm vorgeht. Sie verlangen von ihm, seine Phantasien, seine Träume, seine Konflikte mit sich selbst sowie mit anderen Personen auf dem Wege der *Analogiebildung*[3] in die Form äußerer Szenen zu bringen und *handelnd* zu bearbeiten. Neben einigen kathartischen Effekten, die dadurch gelegentlich möglich werden, hat diese Form den unbestreitbaren Vorteil, dem Klienten ein gewisses Maß an eigener Aktivität – und zwar nicht nur *digitaler*[3], sprachlicher Art! – abzuverlangen und ihm so das Erleben eigener Gestaltungsmöglichkeiten in der therapeutischen Arbeit zu gestatten. Das erleichtert die Entdeckung der eigenen Verantwortung sowie der Tatsache, daß psychische Vor-

---

[3] Zum Unterschied zwischen analoger und digitaler Repräsentation und seiner Bedeutung vgl. Lewin, 1971, bzw. Metzinger, 1993, S. 125 ff. Ich komme später noch darauf zurück.

gänge keine Zustände, sondern Prozesse sind, die sich als Handlungen (im Sinne Schafers, 1982) begreifen und darum im Unterschied zu festgefügten Strukturen auch beeinflussen lassen.
Der expressive Aspekt der Techniken mit dem leeren Stuhl ist jedoch nicht der wesentliche. Ihr Hauptzweck besteht, wie mehrfach gesagt, darin, die *Bewußtheit* des Klienten von jenen Elementen seines psychischen Prozesses zu fördern, die für die Bearbeitung der jeweiligen Thematik wichtig sind (vgl. Abschnitt 2.2.2.). Und »awareness may be enhanced through suppression or through expression« (Naranjo, in: Hatcher u. Himelstein, 1976, S. 283[4]). Der Ausdruck innerer Vorgänge kann die Bewußtheit von ihnen ebensooft unterstützen wie beeinträchtigen. So kann es manchmal für einen Klienten von großer Bedeutung sein, bestimmte Erfahrungen mitzuteilen oder bestimmte Empfindungen anderen Menschen zu zeigen; vielleicht bekommt sein Erleben auf diese Weise erst eine Form, die Bewußtheit entstehen läßt.
Es kann aber in einer anderen Situation für einen anderen (oder denselben) Klienten ebenso wichtig sein, etwas für sich zu behalten, es in sich zu spüren, zu »halten«[5] und vielleicht wachsen und reif werden zu lassen, anstatt es sofort zu veröffentlichen und dabei die damit verbundene Erregung abzuführen, bevor das Erleben sich hinlänglich verdichtet hat. Ein sorgsamer Therapeut wird darum immer darauf achten, in welchem Verhältnis Bewußtheit und Ausdruck für den Klienten in einer gegebenen Situation stehen.
Das gilt natürlich sowohl für den nonverbalen als auch für den verbalen Ausdruck. Fritz Perls hat das hinsichtlich des sprachlichen Ausdrucks klar gesagt: »Der schwierigste Teil des ganzen Prozesses ist die Abstinenz von der ... Verbalisierung des laufenden Prozesses« (1976, S. 120). Perls wußte genau, wie sehr Worte vom Therapeuten und vom Klienten sowohl unterstützend als auch unterbrechend für den therapeutischen Prozeß benutzt werden können. Denn, wie Whorf sagt: »Die Sprache hat eine ... Kraft, sich von den niederen psychischen Tatsachen unabhängig

---

[4] »Bewußtheit kann durch Zurückhaltung oder durch Ausdruck gefördert werden.«
[5] »Containment« ist ein nützliches englisches Wort, das z. B. die Bioenergetiker in diesem Zusammenhang verwenden.

zu halten, sie zu überwinden, sie einmal zu akzentuieren und ein andermal zu verdrängen ...« (1963, S. 71).

Meine Durchsicht der schriftlichen und filmischen Dokumente von Perls' Arbeit mit den Techniken des leeren Stuhls hat allerdings Zweifel in mir geweckt, ob er selbst seine eigene Warnung konsequent beherzigt hat. Zu häufig hatte ich den Eindruck, daß er seine Klienten zum Reden aufforderte oder dabei gewähren ließ, wenn mir der Kontext ein nicht primär verbales Vorgehen nahezulegen schien. Ich möchte das zum Anlaß nehmen, im Rahmen dieser Schlußbemerkungen auch einige Gedanken zum Stellenwert von Sprache in der Gestalttherapie zu Papier zu bringen, die vielleicht zum Überdenken des Stellenwerts der Techniken mit dem leeren Stuhl unter einem weiteren Aspekt beitragen.

Ich weiß, daß viele Gestalttherapeuten in ihrer praktischen Arbeit große Aufmerksamkeit auf den sprachlichen Aspekt des Verhaltens ihrer Klienten richten. Früher, in den ›rauhen‹ 60er und 70er Jahren geschah das überwiegend durch Unterbrechungen oder Disqualifizierungen von sogenanntem »mind-fucking«, jenem von Klischees und Rationalisierungen geprägten Geplapper, mit dem sich Menschen bisweilen gegenüber ihrem unmittelbaren Erleben immunisieren und dadurch an sich selbst vorbeireden.

Aber auch einiges Gespür für sprachliche Nuancen, Doppelbedeutungen oder Konnotationen war manchmal schon damals anzutreffen (vgl. z. B. Graf, 1989) – neben einer oft recht rigide wirkenden Handhabung jener »Regeln und Spiele« (vgl. Perls u. Levitsky, in: Perls, 1980), die sich auf Formulierungen des Klienten beziehen; Beispiele dafür sind die Übersetzung von »man« in »ich« oder von Fragen in Aussagen. Manchmal aber zeigte sich schon zu jener Zeit auch in der Gestalttherapie, was Freud für die Psychoanalyse so gesagt hatte: »Wir wollen übrigens das *Wort* nicht verachten. Es ist doch ein mächtiges Instrument, es ist das Mittel, durch das wir einander unsere Gefühle kundgeben, der Weg, auf den anderen Einfluß zu nehmen. Worte können unsagbar wohltun und fürchterliche Verletzungen zufügen. Gewiß, zu allem Anfang war die Tat, das Wort kam später, es war unter manchen Verhältnissen ein kultureller Fortschritt, wenn sich die Tat zum Wort ermäßigte. Aber das Wort war doch ursprünglich ein Zauber, ein magischer Akt, und es hat noch viel von seiner alten Kraft bewahrt« (1975, S. 279 f. Hervorhebung im Original[6]).

Zugleich ist Sprache allerdings immer auch Konvention, sie besteht zu großen Teilen in vorgegebenen Formen, mit denen sich oft die Einmaligkeit einer Situation oder eines Erlebens nur verkürzt und unbeholfen erfassen lassen (vgl. Staemmler, 1987), »... als ob die Fülle der Seele nicht manchmal in den abgenutztesten Redensarten und Bildern überflösse, da kein Mensch jemals seine Sehnsüchte und Gedanken und Schmerzen völlig angemessen auszusprechen vermag; denn das menschliche Wort ist wie ein gesprungener Kessel, auf dem wir eine Musik für Tanzbären trommeln, während wir die Sterne rühren möchten« (Flaubert, 1967, S. 298).

Ich stelle die Zitate von Freud und Flaubert bewußt direkt gegenüber, um das Spannungsfeld zu kennzeichnen, in dem sich sprachlicher Ausdruck – auch in der Therapie – bewegt. Arnold Beisser, der aufgrund einer schweren Kinderlähmung u. a. in seinen sprachlichen Äußerungsmöglichkeiten behindert war, hat dieses Spannungsfeld auch gesehen und aus seiner besonderen Perspektive heraus Wert auf die Feststellung gelegt: »... the sound of the spoken words does not necessarily reflect the experience within, and what is manifest may be a shield to conceal the truth. Similarly, to experience the fullness of life it is *not* necessary to articulate it in traditional ways ...« (1989, S. 156[7] – Hervorhebung im Original).

Dieses Spannungsfeld im Auge zu behalten, erscheint mir gerade für die Techniken mit dem leeren Stuhl wichtig, die – neben ihrem bereits erwähnten szenischen Charakter – eng mit der sprachlichen Äußerung des Klienten verknüpft sind. Dieser wird typischerweise dazu angehalten, ein *Gespräch* zu führen; nicht zufällig bin ich zu den Begriffen von der Selbst*gespräch*- und der Phan-

---

[6] Es ist interessant, daß der Sprachphilosoph Whorf aufgrund ganz anderer Gedankengänge als Freud zu ähnlichen Formulierungen gelangt. Er betont, »... daß die Sprache durch Namengebung dem Sprecher ein stärkeres Bewußtsein gewisser dunkler psychischer Eindrücke verschafft. Sie bringt tatsächlich unterhalb ihrer eigenen Ebene Bewußtsein hervor: eine quasimagische Fähigkeit« (1963, S. 70 f.).

[7] »Der Klang der gesprochenen Wörter reflektiert nicht unbedingt die innere Erfahrung, und was sich manifestiert mag ein Schutz sein, der die Wahrheit verdeckt. Entsprechend läßt sich sagen, daß es *nicht* notwendig ist, sich auf traditionelle Weise zu artikulieren, um die Fülle des Lebens zu erfahren.«

tasie*gespräch*-Technik gekommen. Diese enge Verknüpfung hat Implikationen, die meines Wissens noch viel zu wenig reflektiert wurden.

Natürlich will ich nicht den Anspruch erheben, die hier ausstehende theoretische Arbeit an dieser Stelle zu leisten; sie wäre vermutlich sehr umfangreich, da sie ohne die Aufarbeitung der linguistischen und sprachpsychologischen Forschungsergebnisse und ohne deren Anwendung auf einen gestalttherapeutischen Kontext nicht auskäme[8]. Ich möchte vielmehr nur einige Punkte andeuten, die mir beim Schreiben des vorliegenden Buches, sozusagen nebenbei, dazu eingefallen sind. Es handelt sich dabei mehr um Fragen als um Antworten.

Ein ganzes Bündel solcher Fragen hängt mit den von Wygotski analysierten Unterschieden zwischen innerer und äußerer (die äußere umfaßt mündliche und schriftliche) Sprache zusammen.

»Unsere Untersuchung der inneren Sprache führte uns zu der Überzeugung, daß die innere Sprache nicht als Sprache minus Zeichen betrachtet werden darf, sondern als eine in Aufbau und Ablauf besondere sprachliche Funktion, die wegen ihrer besonderen Qualität mit der äußeren Sprache in einer unlösbaren dynamischen Einheit des Übergangs von einer Ebene in die andere steht. Die erste Eigenart der inneren Sprache ist ihre ganz spezielle Syntax. (...) Sie besteht in der scheinbaren Zusammenhanglosigkeit, dem fragmentarischen Charakter und der Verkürzung der inneren Sprache im Vergleich zur äußeren« (1972, S. 328).

Als Gründe dafür nennt Wygotski u. a.: »Wir wissen immer, worum es in der inneren Sprache geht. Wir sind stets über unsere innere Situation im Bilde. Das Thema unseres inneren Dialogs ist uns immer bekannt. (...) Wir könnten sagen, daß wir uns selbst leicht mit Andeutungen verstehen ... Sind wir doch immer über unsere Erwartungen und Absichten auf dem laufenden« (a.a.O., S. 339). Die hier beschriebenen Verkürzungen, auch »Ellipsen« oder »Elisionen« genannt, führen zu einem überwiegend *prädikativen* Charakter der inneren Sprache: »In der inneren Sprache brauchen wir nie das zu nennen, wovon die Rede ist, d. h. das

---

[8] Pasierbsky u. Singendonk (1992) machen in ihrem Kapitel über die Gestalttherapie auf 30 Seiten einen Versuch in dieser Richtung, der jedoch aus meiner Sicht zu keinen nennenswerten Ergebnissen führt.

Subjekt. Wir beschränken uns nur auf das Prädikat« (a.a.O., S. 340). »... die innere Sprache zeigt, welche Handlung auszuführen ist und in welche Richtung sie zu lenken ist« (Lurija, 1982, S. 158). Daraus ergibt sich: »Die innere Sprache ist genau genommen eine fast wortlose Sprache« (Wygotski, 1972, S. 342). Wygotskis Analyse ist zwar von der moderneren Sprachforschung weiterentwickelt und verfeinert, in ihren Grundzügen aber bestätigt worden. Der von ihm hervorgehobene prädikative Charakter innerer Sprache »... spielt ... in ganz modernen linguistischen, sprachphilosophischen und sprachpsychologischen Überlegungen eine ausschlaggebende Rolle« (Hörmann, 1978, S. 286). Es ist hier nicht nötig, weiter in die Einzelheiten zu gehen; es genügt, mit Wygotski zusammenzufassen: »Die Eigenarten der inneren Sprache zeigen auch, daß *die innere Sprache eine besondere, autonome und eigenständige Funktion der Sprache darstellt.* Wir haben es tatsächlich mit einer Sprache zu tun, die sich unter allen Gesichtspunkten von der äußeren Sprache unterscheidet. (...) Es gibt keinen Zweifel darüber, daß der Übergang von der inneren Sprache zur äußeren keine direkte Übersetzung aus einer Sprache in eine andere, keine einfache Vokalisierung der inneren Sprache darstellt, sondern eine *Umstrukturierung der Sprache,* die Umwandlung einer völlig eigenständigen Syntax, der semantischen und lautlichen Struktur der inneren Sprache in andere Strukturformen, die der äußeren Sprache zu eigen sind. Genauso wie die innere Sprache nicht Sprache minus Laut ist, ist auch die äußere Sprache nicht innere Sprache plus Laut[9]. Der Übergang von der inneren zur äußeren Sprache stellt eine komplizierte dynamische Transformation dar – die Umwandlung einer prädikativen und idiomatischen Sprache in eine syntaktisch gegliederte und anderen verständliche Sprache« (a.a.O., S. 349 f. – Hervorhebungen im Original).

Diese »komplizierte dynamische Transformation« verlangen wir Therapeuten unseren Klienten ab, wenn wir sie, wie es bei den Techniken mit dem leeren Stuhl der Fall ist, animieren, ihre internen Vorgänge sprachlich zum Ausdruck zu bringen. Es stellt sich

---

[9] Der Biologe und Bewußtseinsforscher Edelman sieht es noch radikaler: »There is no ›language of thought‹ ... There is thought and there is language« (1989, S. 267). Das ist übrigens kein Widerspruch zu der Tatsache, daß man Wörter denken kann.

die Frage, ob uns bewußt ist, welche Implikationen das jeweils hat, und, wenn es uns bewußt wäre, ob wir es dann noch so selbstverständlich tun würden. Diese Frage hat viele Facetten.
Beginnen wir mit einer relativ einfachen. Wygotskis Zusammenfassung läßt sich – unter einem bestimmten Aspekt – auf den folgenden Nenner bringen: »Das Entstehen einer sprachlichen Äußerung ist ein Prozeß der allmählichen Vermittlung einer kommunikativen Intention, der verschiedene Stadien durchläuft« (Hörmann, 1978, S. 291). Um das, was er für sich selbst in der Form innerer Sprache repräsentiert, seinem Therapeuten auf verständliche Weise mitteilen zu können, muß der Klient die erwähnte Transformation vollziehen. Ich denke, es gibt kaum einen Zweifel daran, wie wichtig das sprachliche Mitteilen sein kann. Es ist ein wesentliches, Beziehung stiftendes Moment zwischen Klient und Therapeut, es kann den Klienten von der Einsamkeit eines ausschließlich privaten Erlebens befreien, es setzt den Therapeuten über einen großen Teil des zu bearbeitenden ›Materials‹ überhaupt erst in Kenntnis und schafft dadurch eine wichtige Voraussetzung für seine Interventionen.
Diese und ähnliche Gründe sind sicher von zentraler Bedeutung und können die Einladung an den Klienten zu sprachlichem Ausdruck oft legitimieren. Damit sind denkbare unerwünschte Begleiterscheinungen, die mit der Transformation innerer in äußere Sprache einhergehen können, jedoch keineswegs ausgeschlossen. Man muß sich z. B. fragen – und wohl auch noch gründlich erforschen –, ob nicht der mit der erwünschten Transformation eintretende Verlust des überwiegend prädikativen Charakters innersprachlicher Repräsentation manchmal gleichbedeutend ist mit einer Unterbrechung oder wenigstens einer Verlangsamung des prozessualen Geschehens; diese könnten allein dadurch hervorgerufen werden, daß der Klient, um sich in äußerer Sprache verständlich zu machen, das Gewicht zu lasten der Prädikate auf die Subjekte (Dinge, Gegenstände) verlagern muß. Es ist für mich offen, inwiefern durch diesen Vorgang dynamische psychische Prozesse reifiziert und dabei zu eher statischen Zuständen oder Strukturen gemacht werden.
Eine damit zusammenhängende Frage ist die nach den Folgen der Übersetzung analoger in digitale Information. Der Klient ist ja durch die Aufforderung zu sprachlicher Mitteilung nicht nur ge-

zwungen, die dynamischen Prädikate zu entthronen, er muß zusätzlich auch in der Form digitaler sprachlicher Information nach außen bringen, was er in Form analoger, z. B. bildhafter, Information in sich hat. »The information a picture carries in digital form can be rendered only by some enormously complex sentence, a sentence that describes every detail of the situation about which the picture carries information. (...) Most pictures have a wealth of detail, and a degree of specificity, that makes it all but impossible to provide even an approximate *linguistic* rendition of the information the picture carries in digital form« (Dretske, 1981, S. 138[10] – Hervorhebung im Original).

Das bedeutet in der alltäglichen wie in der therapeutischen Realität fast immer: »To describe a process in which a piece of information is converted from analog to digital form is to describe a process that necessarily involves the *loss* of information« (a.a.O., S. 141[11] – Hervorhebung im Original). Wenn das so ist, ergibt sich die Frage, ob der Informationsverlust wesentlich ist oder nicht. Dretske meint: »Digital conversion is a process in which *irrelevant* pieces of information are pruned away and discarded« (a.a.O.[12] – Hervorhebung von mir).

Ich denke, diese Behauptung läßt sich nicht ohne weiteres auf die therapeutische Situation anwenden. Es mag zwar sein, daß der Klient, wenn er dem Therapeuten ein inneres Bild sprachlich beschreibt, jene Informationen wegläßt, die ihm irrelevant erscheinen. Aber gerade in der Entscheidung darüber, was er für relevant oder irrelevant hält, kann der Schlüssel zur Lösung des Problems verborgen sein, das der Klient mit dem Bild verbindet. Man muß

---

[10] »Der digitale Informationsgehalt eines Bildes kann nur durch einen enorm komplexen Satz wiedergegeben werden, einen Satz, der jedes Detail der Situation beschreibt, über die das Bild Informationen enthält. (...) Die meisten Bilder verfügen über einen Detailreichtum und ein Maß an Spezifizität, die es nahezu unmöglich machen, eine auch nur annähernde *linguistische* Wiedergabe der Information zu liefern, die das Bild in digitaler Form enthält.«

[11] »Den Prozeß zu beschreiben, in dem ein Stück Information von analoger in digitale Form übertragen wird, bedeutet, einen Prozeß zu beschreiben, in dem notwendigerweise ein *Verlust* an Information enthalten ist.«

[12] »Digitale Übertragung ist ein Prozeß, bei dem *irrelevante* Informationseinheiten ausgeschaltet und entfernt werden.«

daher fragen, in welchem Maße bzw. unter welchen Bedingungen die mit äußerer Sprache einhergehende Digitalisierung interner Information zu einer Hervorhebung des Wesentlichen führt oder aber gerade das Wesentliche eliminiert.

Yalom hebt die letztgenannte Möglichkeit hervor: »Das Bewußtsein denkt in Bildern, muß aber, um sich mitzuteilen, Bilder in Gedanken und diese wiederum in Sprache umsetzen. Dieser Weg vom Bild über den Gedanken zur Sprache ist trügerisch. Ihn beschreiben heißt, Verluste in Kauf nehmen: Der Reichtum, die fließende Qualität des Bildes, seine außerordentliche Formbarkeit und Flexibilität, seine persönlichen, nostalgischen, emotionalen Schattierungen – all das geht verloren, wenn das Bild in Sprache gepreßt wird« (1990, S. 223).

Aber das ist nur die eine Seite der Medaille. Als Gestalttherapeuten kennen wir z. B. die manchmal frappierende Wirkung der Technik, dem Klienten einen kurzen, prägnanten Satz vorzuformulieren und ihn diesen aussprechen zu lassen. Auch das breite, ausführliche Mitteilen und Sprechen kann durchaus positive Rückwirkungen auf den Klienten haben und sehr förderlich für den Fortgang seiner internen Klärungsprozesse sein. Wenn das nicht so wäre, blieben die unbestreitbaren Erfolge der klientenzentrierten Gesprächspsychotherapie nach Rogers völlig unverständlich. Es gibt wohl kaum eine gelungenere Beschreibung dieser Wirkungen als die von Heinrich von Kleist »Über die allmähliche Verfertigung der Gedanken beim Reden« (1983).

Weitere Fragen ganz anderer Art ergeben sich, wenn ich Sterns (1992) Beschreibung der »vier Selbstempfindungen«, dem »auftauchenden Selbst«, dem »Kern-Selbst«, dem »subjektiven Selbst« und dem »verbalen Selbst«, mit meinem diagnostischen Begriff des »Themas« (vgl. Staemmler, 1993) in Verbindung bringe: Viele der Themen, die sich meine Klienten erarbeiten, lassen sich nämlich von ihrem schwerpunktmäßigen Gehalt her einer der vier von Stern genannten Selbstempfindungen zuordnen. Je nachdem, in welcher Selbstempfindung der Klient seine Schwierigkeiten erlebt, sind sicher unterschiedliche technische Zugänge angezeigt.

Es liegt z. B. auf der Hand, daß für Probleme im Bereich des »Kern-Selbst« die Arbeit mit körpertherapeutischen Strategien[13] oft eher angezeigt ist als ein Vorgehen primär verbaler Natur. Inwieweit das auch für Störungen des »subjektiven Selbst« gilt oder ob man im Sinne eines Umkehrschlusses sagen kann, daß die Techniken mit dem leeren Stuhl wegen ihrer engen Verknüpfung mit Sprache für die Arbeit an Themen aus dem Bereich des »Kern-Selbst« kontraindiziert sind, gehört für mich zu den offenen Fragen[14].

Gerade weil diese Fragen und viele andere noch auf ihre Antworten warten, läßt sich aus ihnen bereits zweierlei ableiten: Die Techniken mit dem leeren Stuhl bieten dem Klienten wegen ihres expressiven Charakters in vielen Situationen die Möglichkeit, sich sein inneres Erleben handelnd und redend bewußtzumachen und sich dabei zu verändern: Oft entdeckt man sich erst, wenn man sich zeigt. Und zu werden, wer man ist, ist bekanntlich eine der wichtigsten Voraussetzungen für Veränderung (vgl. Beisser, 1970), ja es ist schon Veränderung.

Aber die Techniken mit dem leeren Stuhl haben zu viele ›Haken‹, an denen sich Klient und Therapeut verfangen können, als daß sie allein eine Gewähr für Veränderung bieten könnten. Wenn überhaupt etwas eine Gewähr für den Erfolg einer Therapie bieten kann, dann ist das eine geglückte therapeutische Beziehung. Damit sie glücken kann, dürfen sich Therapeut und Klient den Blick nicht mit Techniken und Stühlen verstellen, sondern müssen einander im Auge behalten. »Die entscheidende Wirklichkeit ist der Therapeut, nicht die Methoden. Ohne Methoden ist man ein Dilettant. Ich bin durchaus für Methoden, aber um sie zu gebrauchen und nicht, um an sie zu glauben« (Buber, 1965, S. 174). Wenn man

---

[13] Ich denke an Formen »spontanen« oder »systematischen« Körperkontakts (vgl. Staemmler, 1981) und an körpertherapeutische Interventionen, wie sie Kepner (1988) oder Moser (1989) aufzeigen.

[14] Sterns Überlegungen zur entwicklungspsychologischen Einordnung von Spaltungen (1992, S. 346 ff.) sehe ich übrigens als Bestätigung meiner in Abschnitt 3.3.1.2. vertretenen Ansicht, daß sich die Selbstgespräch-Technik für deren Bearbeitung eignet: »Zu einem *späteren* Zeitpunkt, wenn die *verbale* Bezogenheit sicher verankert ist, kann das Kind oder der Erwachsene mit Hilfe von *Symbolen* die RIGs und die verschiedenen Arbeitsmodelle so umgruppieren, daß zwei übergeordnete Kategorien mit dem vollen Bedeutungsgehalt von ›gut‹ und ›böse‹ entstehen« (a.a.O., S. 352 – meine Hervorhebungen). – Damit soll die ebenso wichtige Bedeutung nonverbaler und szenischer Informationen bei der Bearbeitung von Spaltungen natürlich nicht abgestritten werden.

dieser Stellungnahme von Buber zustimmt, findet gestalttherapeutische Kompetenz sicher *auch* ihren Ausdruck in einer sinnvollen Nutzung von Techniken. Sie wird sich aber *nie im wesentlichen* auf Techniken stützen, auch nicht auf die mit dem leeren Stuhl.

Laura Perls hat einmal sinngemäß gesagt, daß für ihren Mann die Gestalttherapie immer jeweils das gewesen sei, was er gerade tat (persönliche Mitteilung). Vielleicht war die Gestalttherapie für Fritz Perls in der Tat eine Zeitlang ziemlich identisch mit der Anwendung von bestimmten Techniken. Doch Laura Perls' kritisch gemeinte Anmerkung enthält auch eine Aussage, die für mich eine positive Bedeutung hat: Fritz Perls' therapeutische Arbeit befand sich in einem kontinuierlichen Prozeß der Veränderung, der erst mit seinem Tod zum Stillstand kam.

Wahrscheinlich hätte dieser Prozeß sich fortgesetzt, wenn Perls länger gelebt hätte. Vielleicht hätten zu einem späteren Zeitpunkt auch die Techniken mit dem leeren Stuhl nicht mehr einen so großen Raum in seiner Arbeit eingenommen – wer weiß? Man kann jedenfalls vermuten, daß Perls seinen Arbeitsstil von damals mittlerweile von einer höheren Warte aus betrachtet.

5. Anhang

Der folgende Artikel erschien in der vom »Gestalt-Institut Frankfurt« herausgegebenen »Gestalt-Zeitung« (1992, 6, S. 17–20). Ich gebe ihn hier in Form eines Anhangs wieder, weil er mir eine sinnvolle Ergänzung des Vorangegangenen darzustellen scheint. Ich habe in diesem Artikel versucht aufzuzeigen, zu welchen Konsequenzen eine meines Erachtens falsche Verwendung jener gestalttherapeutischen Techniken führen kann, von denen in diesem Buch die Rede war. Ich habe den Artikel nicht mehr überarbeitet; nur die alten Benennungen der Techniken habe ich durch die neuen, im vorangegangenen Text eingeführten Begriffe ersetzt.

Ich möchte vorab noch die in etablierten gestalttherapeutischen Kreisen leider nicht weit verbreitete Offenheit für Kritik hervorheben, die es den Herausgebern der »Gestalt-Zeitung« erlaubte, meinen Artikel zu veröffentlichen. Auch auf die im gleichen Heft erschienene Auseinandersetzung mit meiner Kritik möchte ich hinweisen.

Von Stühlen, Leichen und anderen Menschen – Eine ernstgemeinte Polemik

Vorbemerkungen

Der vorliegende Artikel ist meine Reaktion auf zwei Veröffentlichungen in der »Gestalt-Zeitung« (5. Ausgabe) vom April 1991, und zwar auf Thomas Bungardts »Schuld versus Verantwortung« (Teil 2, S. 17–18) und auf das Interview mit Leonard Shaw (S. 19). Er ist zugleich meine Reaktion auf eine weit verbreitete, nach meiner Meinung falsche Handhabung bestimmter gestalttherapeutischer Techniken, wie sie in der therapeutischen Praxis zahlreicher (und auch namhafter) Gestalttherapeuten anzutreffen ist und in entsprechenden Veröffentlichungen immer wieder verbreitet wird. Wenn ich mich im folgenden mit Bungardts und Shaws Standpunkten auseinandersetze, so haben diese daher exemplarischen Charakter für mich. Zusätzlich wird aber dadurch, daß sie sich mit dem Thema des »sexuellen Mißbrauchs« von Kindern, speziell mit Inzest, befassen, auf besonders krasse Weise deutlich, welche gravierenden negativen Folgen aus einer fehlerhaften therapeutischen Technik erwachsen können.

Bevor ich beginne, mein eigentliches Anliegen zu formulieren, möchte ich noch eine Anmerkung zum Begriff des »sexuellen Mißbrauchs« machen, weil ich diesen – so verbreitet er ist – für ungenau halte. Ich bin hier derselben Meinung wie Besems und van Vugt: »Das Wort Mißbrauch läßt vermuten, daß es auch Gebrauch gibt« (1990, S. 17). Da Kinder nicht sexuell *ge*braucht werden können, können sie auch nicht sexuell *miß*braucht werden. Aber: Was ge- und mißbraucht werden kann, ist die *Macht* des Erwachsenen über das Kind. Ich finde es sehr wichtig, diesen entscheidenden Faktor nicht schon in der Wortwahl zu übergehen. »Inzest ist der Mißbrauch einer Machtbeziehung ... und in diesem Sinne eine Form von ... Gewalt und Kindesmißhandlung« (Wirtz, 1989, S. 15). Ich halte es daher für zutreffender, von sexuellem *Machtmißbrauch* gegenüber Kindern (oder anderen Menschen) zu sprechen[1].

Die Techniken mit dem ›leeren Stuhl‹

In den erwähnten Artikeln greifen Bungardt und Shaw bei ihren Vorschlägen für die Arbeit mit Inzest-Opfern u. a. auf klassische gestalttherapeutische Techniken zurück, die durch die Verwendung eines leeren Stuhls allgemeinere Bekanntheit erlangt haben. Diese Techniken gehörten zu jenen psychotherapeutischen Innovationen, mit denen schon Fritz Perls viel Aufmerksamkeit erregte. Bis heute ist das öffentliche Bild der Gestalttherapie stark von diesen Techniken geprägt und verzerrt.

Obwohl in Fachkreisen längst Einigkeit darüber herrscht, daß diese Techniken nicht das *Wesen* der Gestalttherapie ausmachen (vgl. z. B. Dublin, in: Smith, 1976), tragen nach wie vor manche Therapeuten zu dem Zerrbild bei, indem sie meinen und vertreten, sie arbeiteten gestalttherapeutisch, wenn sie nur eine der erwähnten Techniken anwenden.

---

[1] Ein ›Nebeneffekt‹ dieses Sprachgebrauchs wäre eine Öffnung der Terminologie und vielleicht auch des allgemeinen Interesses für andere Formen des Machtmißbrauchs, z. B. narzißtische, ökonomische usw.

Mehr als dieses Zerrbild von der Gestalttherapie, das ich bedauerlich genug finde, interessieren mich aber jene Anwendungsformen gestalttherapeutischer Technik, die deren positiven Sinn entstellen und so zur Verwirrung von Klienten oder gar zur Verschlechterung ihres psychischen Befindens beitragen können. Eine solche, meiner Meinung nach kontraindizierte Anwendung beruht meistens auf der Verwechslung zweier, sehr unterschiedlicher Techniken. Für beide kann man den leeren Stuhl benutzen (der Stuhl ist dabei nichts als ein Requisit, das sich durch ähnliche Requisiten ersetzen läßt und auf das man auch ganz verzichten kann):
– Der leere Stuhl kann erstens als Projektionsfläche dienen, auf die die KlientInnen ihre inneren Bilder von abwesenden Personen werfen können, mit denen sie sich auseinandersetzen wollen. Ich habe diese Technik als »Phantasiegespräch-Technik« bezeichnet, weil durch sie der in einer bestimmten Situation real nicht mögliche Kontakt mit bedeutsamen Bezugspersonen symbolisch ersetzt werden kann, z. B. wenn diese Personen bereits gestorben sind (mit Leichen kriegen wir es später noch zu tun.). Diese abwesenden Personen können sich hier und jetzt nicht äußern, auch die KlientInnen können nicht *als* diese sprechen. Ein Wechsel der Seiten (von einem Stuhl auf den anderen) ist darum hier nicht sinnvoll.
– Zweitens kann der leere Stuhl die Funktion erfüllen, eine ›Sitzgelegenheit‹ für das Alter Ego der KlientInnen bereitzustellen, wenn die TherapeutInnen die KlientInnen unterstützen möchten, in einen inneren Dialog mit ihrem ›zweiten Ich‹ zu treten. Im diesem Fall spreche ich von der »Selbstgespräch-Technik«, weil sie den KlientInnen einen inneren Dialog, ein *Selbstgespräch,* erleichtern soll; die klassische Form gestalttherapeutischer Traumarbeit ist hierfür ein gutes Beispiel. Ein Wechsel zwischen den beiden Seiten des inneren Dialogs kann ausgesprochen sinnvoll und hilfreich sein.

Die Phantasiegespräch-Technik ist es, die nach meiner Meinung am häufigsten falsch verwendet wird. Dieser Fehler läßt sich bis zu Fritz Perls zurückverfolgen (vgl. z. B. Perls, 1974, S. 184; dazu auch Bock et al., 1992). Von daher ist es nicht verwunderlich, daß er sich weit verbreitet hat (vgl. z. B. Walter, 1977, S. 191 f.; Petzold, 1984, S. 64; Ladenhauf, 1988, S. 145; dazu auch Bock u. Eidenschink, 1989, S. 81 f.).

Der Fehler tritt dann auf, wenn die TherapeutInnen die Tatsache nicht im Auge behalten, daß die auf den leeren Stuhl projizierten Personen *nicht real* anwesend sind. Es ist den KlientInnen daher *nicht* möglich, einen *Dialog mit ihnen* zu führen; es ist ihnen nur möglich, zu ihnen zu sprechen, also einen *Monolog* zu führen, ähnlich wie einen Brief an sie zu schreiben. Aus diesem einfachen Grund, *weil die Realität es erfordert,* ist es unsinnig, in einem solchen Zusammenhang die KlientInnen zu einem Wechsel der Stühle anzuregen.
Natürlich haben KlientInnen Eigenschaften oder Botschaften ihrer Bezugspersonen häufig introjiziert, d. h., sie machen heute mit sich selbst, was damals mit ihnen gemacht wurde. Genau das kann durch die Anwendung der Phantasiegespräch-Technik klarwerden. In diesem Moment muß aber dann die Technik gewechselt werden, denn diese Erkenntnis bedeutet ja, daß die KlientInnen sich in einer solchen Situation mit einem Teil *ihrer selbst* auseinanderzusetzen haben, der Ähnlichkeiten mit der Bezugsperson hat. Er *ist* aber *nie* diese (abwesende) Bezugsperson. Es liegt von daher schon im Interesse einer angemessenen Klarheit der Verantwortlichkeiten, die Selbstgespräch-Technik anzuwenden und dies auch in den einleitenden Instruktionen (explizit, wenn natürlich auch ohne Fachjargon) deutlich zu machen. Es muß dabei außer Zweifel bleiben, daß es für die KlientInnen hier darum geht, sich mit einem Teil ihrer selbst zu identifizieren. Sie jedoch etwa dazu aufzufordern, sich mit der Bezugsperson zu identifizieren, macht wenig Sinn. Denn TherapeutInnen können nicht daran interessiert sein, ihre KlientInnen in Verwirrung darüber zu bringen, wer sie selbst sind und welchen Standpunkt sie einnehmen.
Ich nehme daher an, daß die fälschliche Vermischung der Phantasiegespräch-Technik mit der Selbstgespräch-Technik ein Relikt aus den Anfangszeiten der Gestalttherapie darstellt, das oft noch unreflektiert übernommen wird. Vielleicht kommt meine Differenzierung dieser beiden Techniken manch einem Leser etwas spitzfindig vor. Sie erscheint mir jedoch äußerst wichtig. Warum ich ihr so große Bedeutung beimesse, wird im folgenden klarwerden.

Zur Verwendung gestalttherapeutischer Technik
bei der Verarbeitung eines Inzest-Traumas nach Bungardt ...

Vor dem Hintergrund meines grundsätzlichen Verständnisses der erwähnten gestalttherapeutischen Techniken kann ich mit den Vorgehensweisen nicht einverstanden sein, die von Bungardt und Shaw in der »Gestalt-Zeitung« vorgeschlagen wurden. Bungardt schreibt: »Die nächste Stufe der Tiefe (im Heilungsprozeß des Inzest-Traumas – meine Ergänzung) wird erreicht durch das Nacherleben des Mißbrauchs *in der Rolle des Täters,* dem Empfinden *seiner/ihrer* Unzulänglichkeiten, Ängste und Zwänge« (S. 17, 2. Spalte – meine Hervorhebungen). Bungardt liegt damit weitgehend auf derselben Linie mit Shaw, auf den ich jedoch erst weiter unten eingehen möchte.

Bungardt vertritt hier den Standpunkt, die heilsame Auseinandersetzung des Opfers mit dem, was ihm durch den Täter[2] zugefügt wurde, könne dadurch gefördert werden, daß das Opfer sich mit der Perspektive des Täters identifiziert. Ich sehe darin jene falsche Anwendung der Phantasiegespräch-Technik, die ich oben skizziert habe. Und ich halte eine derartige Anwendung gestalttherapeutischer Technik im Zusammenhang mit der angestrebten Unterstützung eines Inzest-Opfers für gefährlich, möglicherweise sogar für therapeutisch verhängnisvoll.

Um zu erläutern, was ich meine, möchte ich nur auf zwei typische Symptome hinweisen, die bei Opfern sexuellen Machtmißbrauchs häufig anzutreffen sind und in der Regel maßgeblich zu deren meist erheblichen Identitätsproblemen beitragen: Das eine könnte man als eine Labilität der Ich-Grenzen beschreiben, die sich infolge der erfahrenen massiven Grenzüberschreitungen entwickelt hat und von Bewältigungsversuchen wie einer Identifikation mit dem Aggressor noch verstärkt wird. Das andere sind nachhaltig wirksame Mechanismen der Verdrängung, Verleugnung und Spaltung, mit denen das erlebte Trauma schlecht und recht unter Kontrolle gehalten wird; diese Mechanismen – vom Täter bisweilen geradezu induziert (»Keiner wird dir glauben.«) und von der Erfahrung, keinen Glauben gefunden zu haben, gefördert – werden von den

---

[2] Ich verwende hier ausschließlich die maskuline Form, da sexueller Machtmißbrauch durch Frauen erwiesenermaßen statistisch vergleichsweise selten vorkommt.

Betroffenen nicht selten so radikal angewandt, daß sie ihre Erinnerungen, aber auch ihre aktuellen Empfindungen für irreal und eingebildet erklären.

Fordert man einen Menschen, der das Opfer sexueller Gewalt war, nun im Rahmen einer falschen Anwendung gestalttherapeutischer Technik dazu auf, sich mit dem Täter zu identifizieren und *dessen* Empfindungen nachzuerleben, ist das zunächst eine Einladung zum Phantasieren, deren therapeutischer Sinn hinsichtlich der Verarbeitung des Traumas mir nicht einsichtig ist: Das Opfer *kann nicht wissen,* was der Täter empfunden hat, es kann nur phantasieren oder schlicht raten, was in diesem wohl vorgegangen sein mag. Psychologisches Rätseln über die Motive des Täters scheint mir aber ein Luxus zu sein, den sich ein Opfer, das nach meiner Erfahrung dringendere Sorgen hat, kaum leisten kann, der es jedenfalls nicht weiterbringt.

Man mag einwenden, daß ein derartiges Vorgehen ein gewisses ›Verständnis‹ für den Täter fördern könnte und daß das Verständnis eine gemeinsame menschliche Ebene schaffe, die es dem Opfer ermöglichen könnte, sich dem Täter ebenbürtig zu fühlen und so die Opfer-Position zu verlassen. Ein solches Verständnis ist aber das Verständnis eines Erwachsenen, das die Fassungslosigkeit des Kindes und sein Überschwemmtwerden von einer für es unbegreiflichen und existentiell bedrohlichen Erfahrung nur wenig tangiert, wenn nicht nur beschwichtigt. Jedenfalls ist ein solches ›Verständnis‹ Illusion, denn echtes Verstehen ist nur im realen Dialog zwischen Menschen möglich, nicht aber durch einfaches Raten und Phantasieren.

Aber die falsche Anwendung der Technik geht über die Einladung zum Raten hinaus. Das Opfer wird, wie Bungardt schreibt, ja nicht nur zum Spekulieren *über* den Täter aufgefordert, sondern auch noch dazu angehalten, sich *auf die Seite* des Täters zu begeben; von *»Nacherleben«* und *»Empfinden seiner/ihrer Unzulänglichkeiten«* ist die Rede. Wie, bitte, soll das denn möglich sein, wenn nicht durch die Verleugnung der eigenen Identität und die nahezu verrückt anmutende Illusion, man könne Empfindungen *anderer Menschen* nacherleben? Wer in seiner eigenen Identität schon verunsichert ist, wessen Ich-Grenzen bereits unklarer, durchlässiger und unbeständiger sind, als ihr/ihm guttut, wer zur Milderung der eigenen Qualen aber auf Kosten des eigenen Ich-

Gefühls ohnehin schon die Perspektive des Täters bezieht oder diesen, wie es oft geschieht, sogar noch in Schutz nimmt, wer aus Mangel an Bestätigung für die eigene Erfahrung seine Erinnerungen für eingebildet und seine Gefühle und Körperempfindungen für irreal erklären muß – wer all das tut, weil sie/er anders mit der erlebten massiven Grenzüberschreitung nicht zu Rande kommt, die/der braucht dringend Unterstützung für die *eigene* Identität, Perspektive und Erfahrung! Für so jemanden ist es meines Erachtens Gift, sich mit irgendwem außer sich selbst, zuallerletzt auch noch mit dem Täter, zu identifizieren.

Die von Bungardt als »eigentliche Heilung« gekennzeichnete »Vergebung des Täters durch das Opfer«, die in seiner Darstellung unmittelbar auf das erwähnte »Nacherleben des Mißbrauchs in der Rolle des Täters« folgt, erscheint mir unter der Voraussetzung dieser durch den Therapeuten vorgängig geförderten Identifizierung mit dem Täter als äußerst fragwürdig. Ich bin kein grundsätzlicher Gegner des Verzeihens wie etwa Alice Miller in ihren letzten Publikationen (1990) und meine, daß Verzeihen für *manche* Menschen *manchmal* der richtige Weg sein kann, die Bearbeitung eines Traumas abzuschließen. Ich bezweifle aber, daß ein Verzeihen, das ausgerechnet auf die Identifikation mit dem Täter und ihren oben dargestellten Implikationen folgt, einen wirklichen Abschluß für die betroffene Person bewirken kann. Ich befürchte eher eine Verstärkung der Tendenz des Opfers, seine realen Erfahrungen zu verleugnen und zu bagatellisieren sowie den Täter zu entlasten.

Auf jeden Fall halte ich das Verzeihen nicht für eine *notwendige* Voraussetzung einer abschließenden Verarbeitung derartiger Traumata; es wird auch von den Tätern gerne zur Entlastung ihres Gewissens und zur Vermeidung einer Auseinandersetzung mit ihren Motiven benutzt, was man nach meiner Meinung nicht fördern sollte. »Verzeihungsprediger«[3] sollten sehr genau prüfen, welche persönlichen Motivationen sie veranlassen, dem Verzeihen einen so großen und systematischen Stellenwert zuzuweisen.

... und nach Shaw

Während nach Bungardts Vorstellungen auf die Identifikation mit dem Täter noch die »eigentliche Heilung« durch Verzeihen folgt,

---

[3] Das Wort stammt von Alice Miller (1990, S. 154).

hält Shaw, der sich ansonsten weitgehend sinngleich äußert wie Bungardt und das Verzeihen wie dieser propagiert, die Identifikation mit dem Täter gar für den *letzten* Schritt der Therapie: »Jedoch für die *letztliche* Heilung ist es notwendig, daß die Klienten an den Platz kommen, wo sie sich selbst an die Stelle des Täters setzen können und dabei in Kontakt kommen mit den Ängsten, den Gefühlen von Unzulänglichkeit, Zwang und Abhängigkeit im Täter, sowie seinen möglichen eigenen Erfahrungen sexuellen Mißbrauchs« (S. 19, 2. Spalte – meine Hervorhebung). Um es ganz überspitzt zu sagen: Prima, man hat das Inzest-Trauma dann »letztlich« verarbeitet, wenn man sich nicht mehr für das Opfer, sondern für den Täter hält! – So etwas finde ich einfach abstrus und zynisch.

Aber in Shaws Aussage sehe ich noch einen weiteren Aspekt, der mich erschreckt: Ich stelle mir jene Frau vor, die als Kind das Opfer eines Inzests war und nun zu all den Problemen, die sich für sie daraus ergeben haben und mit denen sie weiß Gott genug zu schaffen hat, auch noch die des Täters aufgeladen bekommt. Sie soll »in Kontakt kommen« mit *dessen* Ängsten, Unzulänglichkeiten etc.! Wäre das nicht, wie schon gesagt, ein geradezu wahnsinniger Akt, so wäre es doch zumindest eine ungeheure Zumutung und eine glatte Überforderung.

Um anschaulich zu machen, was ich meine, zitiere ich aus dem Pressebericht über eine Gerichtsverhandlung, der mir ›zufällig‹ an jenem Tag in die Hände fiel, als ich diese Zeilen schrieb: »Mit 12 ... soll ... (der Stiefvater) sie zum erstenmal mißbraucht haben. Von da an regelmäßig etwa zweimal in der Woche, immer wenn die Mutter außer Haus war ... Mindestens 400mal insgesamt, ungeschützter Geschlechtsverkehr, anal, oral, mit Gegenständen wie einer Gurke, Mohrrübe, Kerze, einem Stock oder auch einem Massagestab, einer Ein-Liter-Sprudelflasche. In der Anklageschrift heißt es: ›In einem Fall verwendete er eine geöffnete Flasche, welche er mit dem Flaschenhals zuerst so tief in die Scheide der Zeugin einführte, daß es kaum noch gelang, sie wieder zu entfernen. Die Zeugin hatte während dieser lebensgefährdenden Behandlung große Schmerzen‹« (»Der Spiegel«, 1991, 25, S. 61). Wie würden Sie es finden, wenn jemand der betroffenen Frau antragen würde, sich mit dem Täter zu identifizieren und mit dessen perversen Neigungen ›in Kontakt zu kommen‹? – Ich wäre empört.

Aber Shaw empfindet da wohl anders. Er fährt fort: »Also, wenn jemand Dich sexuell mißbraucht hat, trägst Du diese Person in Deinem Kopf mit Dir herum, in Deinem Denken, in Deinem Bewußtsein« (a.a.O.). Ich unterbreche hier das Zitat zunächst, denn bis hierhin klingt das ganz vernünftig. Man könnte vermuten, Shaw würde aus dieser Feststellung nun die Konsequenz ziehen, den KlientInnen z. B. bei der Abgrenzung gegen introjizierte Einschärfungen und gegen internalisierte Destruktivität zu helfen, die sie aus der traumatischen Erfahrung mitgenommen haben. Denn er weiß vermutlich, daß die Opfer sexueller Gewalt häufig *fälschlicherweise* sich selbst für schuldig halten (was ihnen ja auch oft genug eingeredet wird). Er weiß vermutlich auch, daß sie die im Zuge der Traumatisierung erlebte Negativität und Quälerei, bisweilen in durchaus selbstzerstörerischen Formen, übernehmen, gegen sich selbst richten und fortsetzen.

Um so unverständlicher ist es mir dann, wenn Shaw daraus ableitet: »Du (das Opfer des Inzest – F.-M. St.) mußt *als diese Person* (als der Täter – F.-M. St.) Heilungsschritte machen mit denen, von denen Dir als diese Person Mißbrauch/Mißhandlung widerfahren ist. Beispielsweise die Frau, die von ihrem Großvater belästigt wurde: Der wirkliche entscheidende Teil ihrer Heilung wird sein, wenn sie in ihren Großvater ›hineinschlüpft‹ und durch einen Heilungsprozeß als ihr Großvater mit dessen Mutter hindurchgeht ...« (a.a.O. – Hervorhebung von Shaw).

Es kommt mir zunächst einfach bizarr und absurd vor, wenn ich mir vorstelle, daß die Frau, die eine traumatische Inzest-Geschichte mit ihrem vermutlich mittlerweile dahingeschiedenen Großvater hat, nun das (vermutete) Problem ihres Großvaters mit dessen Mutter, ihrer Urgroßmutter, bearbeiten soll, die sie mit großer Wahrscheinlichkeit nur vom Grabstein her gekannt hat. Was soll es bringen, die angeblichen früheren Probleme von Leichen zusammenzuphantasieren und wiederzubeleben, um sie dann stellvertretend und posthum zu ›bearbeiten‹? (Wenn diese Strategie irgendeinen Sinn hätte, müßte sich Shaw fragen lassen, warum er eigentlich bereits in der dritten Generation der Vorfahren Schluß macht. – Vielleicht weil hier eine Frau als letzte ›Ursache‹ herhalten muß?)

Was soll, allgemeiner gefragt, der Unsinn – pardon – bewirken, die vermeintlichen Probleme anderer Leute zu bearbeiten? Jede von einer solchen ›therapeutischen‹ Strategie betroffene Frau würde sich wohl gesunderweise dagegen zur Wehr setzen, die unerledigten Geschäfte eines anderen Menschen und ausgerechnet noch die ihres Traumatisierers untergejubelt zu bekommen. Nur: Tragischerweise können sich viele Betroffene nicht mehr wehren, da diese Traumatisierung sie häufig ausgerechnet dazu gebracht hat, genau das mit sich machen zu lassen, was ihnen nicht guttut.

Ich kann mir einfach nicht vorstellen, wie es solchen Menschen guttun soll, der systematischen Suggestion ausgesetzt zu sein, sie selbst seien der Täter. Der Gefahr, daß die betroffenen Frauen sich selbst einmal mehr eine Verantwortung zuschreiben, die nicht die ihre, sondern die des Täters (in diesem Beispiel die des Großvaters) ist, wird hier meiner Meinung nach nicht nur Tür und Tor geöffnet. Sie wird – sicherlich unabsichtlich – vielmehr nachdrücklich provoziert: »In der Arbeit mit dieser Frau vor ein paar Tagen schlug ich ihr vor, ihr Großvater zu sein und als ihr Großvater sich hinzuknien[4] und zuzugeben, daß das, was er getan hatte, vergiftend, falsch und schädlich war für ihn selbst und sein Bewußtsein. (...) Daß er hoffe, daß sie ihm eines Tages vergeben könnte und dann mit ihrem Leben weitermachen könnte« (S. 19, 3. Spalte).

Die Klientin-Großvater wird nun also auch noch zu einer physischen Unterwerfungsgeste veranlaßt, was, wie man weiß, Einschärfungen besonders effektiv fördert; sie-er soll Reue zeigen und die Hoffnung äußern, Vergebung zu erfahren. Wenn die nunmehr allmählich auf die Spitze getriebene Identitätskonfusion die Klientin-Großvater in die zu erwartende Verwirrung versetzt hat, ist sie wahrscheinlich leicht beeinflußbar durch die abschließende Botschaft, daß sie mit ihrem Leben erst dann weitermachen könne, wenn sie ihrem Großvater vergeben hat[5]. Damit wäre das Therapieziel des Verzeihens in greifbare Nähe gerückt, das anscheinend um nahezu jeden Preis erreicht werden soll.

Ein so geartetes ›therapeutisches‹ Vorgehen kann ich aufgrund meiner Kenntnisse und Erfahrungen mit der Bearbeitung von

---

[4] Hier steht im Original »hineinzuknien«, was vermutlich ein Druckfehler ist.

[5] Unreflektierte patriarchalische Denk- und Verhaltensmuster, die nicht der Gegenstand meiner Stellungnahme sind, scheinen hier massiv durch. Sie wären eine gesonderte Stellungnahme wert.

»Seelenmorden« wirklich nur in Anführungszeichen setzen. Ich kann darin nichts Heilsames mehr erkennen. Ich möchte allen Betroffenen und auch allen TherapeutInnen daher hinsichtlich eines solchen Verfahrens einen der wenigen Sätze von Shaw zurufen, mit denen ich, aber nur, wenn ich ihn auf Shaws Methodik selbst beziehe, übereinstimmen kann: »Vergiß das, vertraue Deinem eigenen Heilungsprozeß, der wird Dich dahin führen, wohin Du gehen mußt, um Dich zu heilen« (a.a.O.)!

6. Verzeichnisse

6.1. Literatur

Akhtar, S.; Byrne, J. P.: The Concept of Splitting and Its Clinical Relevance, in: American Journal of Psychiatry, 1983, 140/8, 1013-1016

Alban, L. S.; Groman, W. D.: Dreamwork in a Gestalt Therapy Context, in: The American Journal of Psychoanalysis, 1975, 35, 147–156

Barrett, W.: The Illusion of Technique – A Search for Meaning in a Technological Civilization, Garden City/New York, 1979

Becker, S.: Objektbeziehungspsychologie und katastrophische Veränderung – Zur psychoanalytischen Behandlung psychotischer Patienten, Tübingen, 1990

Beisser, A. R.: The Paradoxical Theory of Change; in: Fagan u. Shephard, 1970

Beisser, A. R.: Flying without Wings – Personal Reflections on Being Disabled, New York, 1989

Bergantino, L.: Is Gestalt Therapy a Humanistic Form of Psychotherapy?, in: Journal of Humanistic Psychology, 1977, 17/1, 51–61

Besems, T.; van Vugt, G.: Wo Worte nicht reichen – Therapie mit Inzestbetroffenen, München, 1990

Bock, W.; Eidenschink, K.: Buchbesprechung von K. H. Ladenhaufs »Integrative Therapie und Gestalttherapie in der Seelsorge«, in: Gestalttherapie, 1989, 3/1, 79–82

Bock, W.; Staemmler, F.-M.; Müller-Weisel, A.; Senden, M.: Fritz Perls in Supervision – Kritische Analyse eines Transkripts aus »Gestalttherapie in Aktion«, in: Gestalttherapie, 1992, 6/1, 46–58

Bock, W.; Staemmler, F.-M.: »Live«-Supervision, in: Freiler et al., 1994

Brallier, L. W.; Hoffman, B. S.: Assisting a Psychotic Patient with the Integration Process, in: Psychotherapy – Theory, Research and Practice, 1971, 8/4, 304–306

Brook, J. A.: Freud and Splitting, in: International Review of Psycho-Analysis, 1992, 19, 35–350

Bruner, J. S.: On Knowing – Essays for the Left Hand (Expanded Edition), Cambridge/Mass.–London, 1979

Buber, M.: Nachlese, Heidelberg, 1965

Buber, M.: Das dialogische Prinzip, Heidelberg, 1984

Bünte-Ludwig, C.: Gestalttherapie – Integrative Therapie – Leben heißt wachsen, in: Petzold, 1984(b)

Büntig, W. E.: Die Gestalttherapie Fritz Perls', in: Eicke, 1977

Bungardt, T.: Schuld versus Verantwortung – Teil 2, in: Gestalt-Zeitung, 1991, 5, 17–18

Carr, A.: Three techniques for the solo family therapist, in: Journal of Family Therapy, 1986, 8, 373–382

Cashdan, S.: Object Relations Therapy – Using the Relationship, New York/London, 1988

Christopher, J. C.; Bickhard, M. H.; Lambeth, G. S.: Splitting Kernberg – A Critique of Otto Kernberg's Notion of Splitting, in: Psychotherapy, 1992, 29/3, 481–484

Ciompi, L.: Außenwelt, Innenwelt – Die Entstehung von Zeit, Raum und psychischen Strukturen, Göttingen, 1988

Clarke, K. M.; Greenberg, L. S.: Differential Effects of the Gestalt Two-Chair Intervention and Problem Solving in Resolving Decisional Conflict, in: Journal of Counseling Psychology, 1986, 33/1, 11–15

Clarkson, P.; Mackewn, J.: Fritz Perls, London, 1993

Crisp, P.: Splitting – A Survey of the Literature, in: Journal of the Melanie-Klein-Society, 1987, 5/1, 89–136

Crocker, S. F.: Proflection, in: The Gestalt Journal, 1981, 4/2, 13–34

Dolliver, R. H.; Williams, E. L.; Gold, D. C.: The Art of Gestalt Therapy or: What are You Doing with Your Feet Now?, in: Psychotherapy – Theory, Research and Practice, 1980, 18/1, 38–45

Dretske, F. I.: Knowledge and the Flow of Information, Oxford, 1981

Drews, S.; Brecht, K.: Psychoanalytische Ich-Psychologie – Grundlagen und Entwicklung, Frankfurt/M., 1975

Dublin, J. E.: The Power of the Gestalt Dialog in Dreamwork – Integration of a »Multiple Personality«, in: Voices, 1978, 14/1, 58–62

Dublin, J. E.: Gestalt Therapy, Existential-Gestalt Therapy and/versus »Perls-ism«, in: Smith, 1976

Edelman, G. E.: The Remembered Present – A Biological Theory of Consciousness, New York, 1989

Eicke, D. (Hg.): Die Psychologie des 20. Jahrhunderts, Band III, Zürich, 1977

Elliott, J. E.: Use of Anthetic Dialogue in Eliciting and Challenging Dysfunctional Beliefs, in: Journal of Cognitive Psychotherapy, 1992, 6/2, 137–143

Enright, J. B.: Thou Art That – Projection and Play in Therapy and Growth, in: Psychotherapy – Theory, Research and Practice, 1972, 9/2, 153-156

Ewreinow, N.: Das Theater im Leben, Paris, 1930

Fagan, J.: Critical Incidents in the Empty Chair, in: Hatcher, Himelstein, 1976

Fagan, J.; Shepherd, I. L. (Eds.): Gestalt Therapy Now, Palo Alto, 1970

Flaubert, G.: Madame Bovary, Zürich, 1967

Fraiberg, S.: Libidinal Object Constancy and Mental Representation, in: Psychoanalytic Study of the Child, 1969, 24, 9–47

Freiler, C.; Ventouratou-Schmetterer, D.; Reiner-Lawugger, C.; Bösel, R. (Hg.): 100 Jahre Fritz Perls – Internationale Psychotherapie-Tagung der Fachsektion für Integrative Gestalttherapie, Wien, 1994

Freud, S.: Studienausgabe/Ergänzungsband – Schriften zur Behandlungstechnik, Frankfurt/M., 1975

Friedman, N.: Godot and Gestalt – The Meaning of Meaninglessness, in: The American Journal of Psychoanalysis, 1989, 49/1, 267–280

From, I.: Gestalttherapie und »Gestalt« – Betrachtungen über Gestalttherapie nach 32 Jahren Praxis, in: Gestalttherapie, 1987, 1/1, 5–10

Frühmann, R.: »Hot Seat« und »Empty-Chair«, in: Freiler et al., 1994

Fuhr, R.: Anmerkungen zu: Werner Bock u. a. »Fritz Perls in Supervision«, in: Gestalttherapie, 1992, 6/1, 59–60

Giese, E.; Kleiber, D. (Hg.): Im Labyrinth der Therapie – Wege, Chancen, Risiken, München, 1993

Graf, D.: Sprache und Gestalttherapie, in: Gestalttherapie, 1989, 3/2, 70–76

Grawe, K.; Donati, R.; Bernauer, F.: Psychotherapie im Wandel – Von der Konfession zur Profession, Göttingen, 1994

Greenberg, L. S.: A Task Analysis of Intrapersonal Conflict Resolution, in: Rice, Greenberg, 1984

Grinder, J.; Bandler, R.: Kommunikation und Veränderung – Die Struktur der Magie II, Paderborn, 1982

Grotstein, J. S.: Splitting and Projective Identification, New York/London, 1985

Hall, R. A.: The Compleat Psychotherapist as Artist – Gestalt Perspectives on the Organic Integration of Six Selves, in: Smith, 1992

Hamilton, N. G.: Self and Others – Object Relations Theory in Practice, Northvale (New Jersey)/London, 1988

Harman, R. L.: Techniques of Gestalt Therapy, in: Professional Psychology, 1974, 5/3, 257–263

Harris, C. O.: Gestalt Work with Psychotics, in: Nevis, 1992

Hatcher, C.; Himelstein, P. (Eds.): The Handbook of Gestalt Therapy, New York, 1976

Heimann, H.: Zerfall des Bewußtseins in der Psychose, in: Pöppel, 1989

Hörmann, H.: Meinen und Verstehen – Grundzüge einer psychologischen Semantik, Frankfurt/M., 1978

Husserl, E.: Ideen zu einer reinen Phänomenologie und phänomenologischen Philosophie, Tübingen, 1980

Hycner, R.: An Interview with Erving and Miriam Polster, in: The Gestalt Journal, 1987, 10/2, 27–66

Hycner, R.: Zwischen Menschen – Ansätze zu einer Dialogischen Psychotherapie, Köln, 1989

Hycner, R.: Für eine dialogische Gestalttherapie – Erste Überlegungen, in: Gestalt-Publikationen[1], Heft 11, Würzburg, 1990

Iljine, V. N.: Das therapeutische Theater, in: Petzold, 1972

Jacobs, L.: Ich und Du, hier und jetzt – Zu Theorie und Praxis des Dialogs in der Gestalttherapie, in: Gestalt-Publikationen, Heft 12, Würzburg, 1990

---

[1] Diese und andere »Gestalt-Publikationen« sind über das Zentrum für Gestalttherapie, Kardinal-Döpfner-Platz 1, D-97070 Würzburg, zu beziehen.

Janssen, N.; Wecke, K. F.: Stationäre Frühgestörten-Therapie aus gestalttherapeutischer Sicht, in: Gestalttherapie, 1994, 8/1, 37–52

Kelley, G. A.: Humanistic Methodology in Psychological Research, in: Journal of Humanistic Psychology, 1969, 9, 53–65

Kepner, J. I.: Körperprozesse – Ein gestalttherapeutischer Ansatz, Köln, 1988

Kernberg, O. F.: Stuctural Derivatives of Object Relationships, in: International Journal of Psycho-Analysis, 1966, 47, 236–253

Kernberg, O. F.: Zur Behandlungstechnik bei Borderline-Persönlichkeitsstörungen, in: Psyche, 1981, 35, 497–526

Kernberg, O. F.: Borderline-Störungen und pathologischer Narzißmus, Frankfurt/M., 1983

Kernberg, O. F.: Schwere Persönlichkeitsstörungen – Theorie, Diagnose, Behandlungsstrategien, Stuttgart, 1988

Khan, M. M. R.: The Privacy of the Self – Papers on Psychoanalytic Theory and Technique, New York, 1974

Klein, M.: Notes on Some Schizoid Mechanisms, in: The International Journal of Psycho-Analysis, 1946, 27/3–4, 99–110

Kleist, H. v.: Kleists Werke in zwei Bänden, Bd. I, Berlin/Weimar, 1983

Korb, M. P.; Gorrell, J.; van de Riet, V.: Gestalt Therapy – Practice and Theory, Boston/London/Toronto/Sydney/Tokyo/Singapore, 1989

Kohut, H.: Narzißmus – Eine Theorie der psychoanalytischen Behandlung narzißtischer Persönlichkeitsstörungen, Frankfurt/M., 1973

Kutash, I. L.; Wolf, A. (Eds.): The Group Psychotherapist's Handbook – Contemporary Theory and Technique, New York, 1990

Ladenhauf, K. H.: Integrative Therapie und Gestalttherapie in der Seelsorge – Grundfragen und Konzepte für Fortbildung und Praxis, Paderborn, 1988

Latner, J.: The Gestalt Therapy Book, (ohne Ortsangabe), 1986

Latner, J.: Kreativität und Charakter – Anmerkungen zu Störungen an der Kontaktgrenze, in: Gestalttherapie, 1991, 2, 29–49

Lewin, D.: Analog and Digital, in: Nous, 1971, 5, 321–327

Lichtenberg, J. D.; Slap, J. W.: Notes on the Concept of Splitting and the Defense Mechanism of the Splitting of Representations, in: Journal of the American Psychoanalytical Association, 1972, 21/4, 772–787

Lippitt, R.: The Auxiliary Chair Technique, in: Group Psychotherapy, 1958, 11, 8–23

Lurija, A. R.: Sprache und Bewußtsein, Köln, 1982

Mahler, M. S.; Pine, F.; Bergman, A.: Die psychische Geburt des Menschen – Symbiose und Individuation, Frankfurt/M., 1980

Marcus, E. H.: Gestalttherapie in Verbindung mit geleitetem Bilderleben, neo-Reichianischer Körperarbeit und psychodramatischen Methoden, Hamburg, 1979

Marmar, C. R.; Horowitz, M. J.: Phenomenological Analysis of Splitting, in: Psychotherapy – Theory, Research and Practice, 1986, 23/1, 21–29

Melnick, J.: The Use of Therapist-Imposed Structure in Gestalt Therapy, in: The Gestalt Journal, 1980, 3/2, 4–20

Metzinger, T.: Subjekt und Selbstmodell – Die Perspektivität phänomenalen Bewußtseins vor dem Hintergrund einer naturalistischen Theorie mentaler Repräsentation, Paderborn/München/Wien/Zürich, 1993

Miller, A.: Abbruch der Schweigemauer, Hamburg, 1990

Moreno, J. L.: Psychodrama, Vol. I – Third Edition With New Introduction, Beacon (NY), 1964

Moreno, J. L.: Therapeutic Vehicles and the Concept of Surplus Reality, in: Group Psychotherapy, 1965, 18/4, 211–216

Moreno, Z. T.: A Survey of Psychodramatic Techniques, in: Group Psychotherapy, 1959, 12/1, 5–14

Moreno, Z. T.: Psychodramatic Rules, Techniques and Adjunctive Methods, in: Group Psychotherapy, 1965, 18/1–2, 73–86

Moser, T.: Körpertherapeutische Phantasien – Psychoanalytische Fallgeschichten neu betrachtet, Frankfurt/M., 1989

Moser, T.: Psychoanalyse und Gestalttherapie – Widerspruch oder Ergänzung?, in: Moser, 1990

Moser, T.: Das zerstrittene Selbst, Frankfurt/M., 1990

Moser, T.: Vorsicht Berührung – Über Sexualisierung, Spaltung, NS-Erbe und Stasi-Angst, Frankfurt/M., 1992

Müller, B.: Isadore Froms Beitrag zur Theorie und Praxis der Gestalttherapie, in: Gestalttherapie, 1993, 7/2, 30–42

Naranjo. C.: Expressive Techniques, in: Hatcher u. Himelstein, 1976

Naranjo, C.: Techniken der Gestalttherapie, Hamburg, 1978

Nevis, E. C. (Ed.): Gestalt Therapy – Perspectives and Applications, New York, 1992

Niessen, S.: Traum und Realität – Ihre neuzeitliche Trennung, Würzburg, 1993

Pasierbsky, F.; Singendonk, I.: Heilende Sprache, Frankfurt/M., 1992

Paul, L.: The Suicidal Self – The Cruel Inner Critic, in: Psychotherapy – Theory, Research and Practice, 1970, 7/3, 177–180

Perls, F. S.: Gestalt-Therapie in Aktion, Stuttgart, 1974

Perls, F. S.: Grundlagen der Gestalt-Therapie – Einführung und Sitzungsprotokolle, München, 1976

Perls, F. S.: Das Ich, der Hunger und die Aggression, Stuttgart, 1978

Perls, F. S.: Gestalt, Wachstum, Integration – Aufsätze, Vorträge, Therapiesitzungen, Paderborn, 1980

Perls, F. S.: Gestalt-Wahrnehmung – Verworfenes und Wiedergefundenes aus meiner Mülltonne, Frankfurt/M., 1981

Perls, F. S.; Baumgardner, P.: Der Vermächtnis der Gestalttherapie, Stuttgart, 1990

Perls, F. S.; Hefferline, R.; Goodman, P.: Gestalt-Therapie – Lebensfreude und Persönlichkeitsentfaltung, Stuttgart, 1979

Peters, U. H.: Die Emigration von Fritz Perls und die Gestalttherapie, in: Musik-, Tanz- und Kunsttherapie, 1988, 1/4, 153–162

Petzold, H.: Angewandtes Psychodrama in Therapie, Pädagogik, Theater und Wirtschaft, Paderborn, 1972

Petzold, H.: Die Rolle des Therapeuten und die Therapeutische Beziehung in der Integrativen Therapie, in: Petzold, 1980

Petzold, H. (Hg.): Die Rolle des Therapeuten und die therapeutische Beziehung, Paderborn, 1980

Petzold, H.: Die Gestalttherapie von Fritz Perls, Lore Perls und Paul Goodman, in: Integrative Therapie, 1984(a), 10/1–2, 1–72

Petzold, H.: Die ganze Welt ist eine Bühne – Das Psychodrama als Methode der Klinischen Psychotherapie, in: Petzold, 1984(b)

Petzold, H. (Hg.): Wege zum Menschen, Bd. 1, 1984(b)

Philippson, P.: Gestalt Therapy and the Culture of Narcissism, in: The British Gestalt Journal, 1994, 3/1, 11–14

Pöppel, E.: Grenzen des Bewußtseins – Über Wirklichkeit und Welterfahrung, Stuttgart, 1985

Pöppel, E. (Hg.): Gehirn und Bewußtsein, Weinheim, 1989

Pöppel, E.: Gegenwart – psychologisch gesehen, in: Wendorff, 1989

Pörtner, P.: Experiment Theater – Chronik und Dokumente, Zürich, 1960

Polster, E.: Imprisoned in the Present; in: The Gestalt Journal, 1985, 8/1, 5–22

Polster, E.; Polster, M.: Gestalttherapie – Theorie und Praxis der integrativen Gestalttherapie, München, 1975

Pruyser, P. W.: What Splits in »Splitting«? A Scrutiny of the Concept of Splitting in Psychoanalysis and Psychiatry, in: Bulletin of the Menninger Clinic, 1975, 39/1, 1–46

Redmountain, A.: Nineteen Things to Do with a Dream in the Post-Freudian Era – A Guide for Creative Clients, in: Voices, 1978, 14/1, 63

Rice, L. N.; Greenberg, L. S. (Eds.): Patterns of Change – Intensive Analysis of Psychotherapy Process, New York/London, 1984

Rogers, C. R.: Therapeut und Klient – Grundlagen der Gesprächspsychotherapie, München, 1977

Rohde-Dachser, C.: Das Borderline-Syndrom, Bern, 1983

Ronall, R.; Feder, R.: Gestaltgruppen, Stuttgart, 1983

Sacks, J. M.: Psychodrama, in: Kutash u. Wolf, 1992

Schafer, R.: Eine neue Sprache für die Psychoanalyse, Stuttgart, 1982

Scharfetter, C.: Allgemeine Psychopathologie – Eine Einführung, Stuttgart, 1985

Schütte, M.: Psychotherapie als Machtkampf, in: Giese u. Kleiber, 1993

Shaw, L.: Interview mit Leonard Shaw, geführt von Thomas Bungardt, in: Gestalt-Zeitung, 1991, 5, 19

Simkin, J. S.: Gestalttherapie – Mini-Lektionen für Einzelne und für Gruppen, Wuppertal, 1978

Smith, E. W. L. (Ed.): The Growing Edge of Gestalt Therapy, New York, 1976

Smith, E. W. L. (Ed.): Gestalt Voices, Norwood (N.J.), 1992

Speros, T.: The Final Empty Chair, in: Group Psychotherapy and Psychodrama, 1973, 25/1–2, 32–33

Staemmler, F.-M.: Bitte berühren!, in: Psychologie heute, 1981, 8/6, 34–37

Staemmler, F.-M.: Wer spricht? – Sinn und Blödsinn des ›leeren Stuhls‹ in der Gestalttherapie, in: Gestalt-Publikationen, Heft 2, Würzburg, 1986

Staemmler, F.-M.: Jenseits von Wörtern und Zeit – Über Inhalt und Prozeß in der Gestalttherapie, in: Gestalt-Publikationen, Heft 4, Würzburg, 1987

Staemmler, F.-M.: Schritt für Schritt – Drei kommentierte gestalttherapeutische Sitzungen, in: Gestalt-Publikationen, Heft 7, Würzburg, 1988

Staemmler, F.-M.: Von Stühlen, Leichen und anderen Menschen – Eine ernstgemeinte Polemik, in: Gestalt-Zeitung, 1992, 6, 17–20 (vgl. Anhang)

Staemmler, F.-M.: Therapeutische Beziehung und Diagnose – Gestalttherapeutische Antworten, München, 1993

Staemmler, F.-M.: Kultivierte Unsicherheit – Gedanken zu einer gestalttherapeutischen Haltung, in: Gestalt-Publikationen, Heft 17, Würzburg, 1994(a)

Staemmler, F.-M.: On Layers and Phases – A Message from Overseas, in: The Gestalt Journal, 1994(b), 17/1, 5–31

Staemmler, F.-M.: Gleichzeitigkeit und Gestalt, in: Gestalttherapie, 1994(c), 8/2, 75–77

Staemmler, F.-M.; Bock, W.: Ganzheitliche Veränderung in der Gestalttherapie, München, 1991

Stern, D. N.: Die Lebenserfahrung des Säuglings, Stuttgart, 1992

Stevens, J. O. (Ed.): Gestalt is, Moab (Utah), 1975

Stevenson, R. L.: The Strange Case of Dr. Jekyll and Mr. Hyde, London, 1926

Stratford, C. D.; Brallier, L. W.: Gestalt Therapy with Profoundly Disturbed Persons, in: The Gestalt Journal, 1979, 2/1, 90–103

Thomä, H.; Kächele, H.: Lehrbuch der psychoanalytischen Therapie, Bd. 1, Berlin/Heidelberg/New York, 1985

Tobin, S. A.: Saying Goodbye, in: Stevens, 1975

Vööbus, K. V.: Gegen die Psycho-Techniker oder ein Plädoyer für die Gestaltanalyse als Einzeltherapie, in: Integrative Therapie, 1975, 2–3, 102–109

Volkan, V. D.: Psychoanalyse der frühen Objektbeziehungen – Zur psychoanalytischen Behandlung psychotischer, präpsychotischer und narzißtischer Störungen, Stuttgart, 1978

Walter, H.-J.: Gestalttheorie und Psychotherapie, Darmstadt, 1977

Wendorff, R. (Hg.): Im Netz der Zeit – Menschliches Zeiterleben interdisziplinär, Stuttgart, 1989

Whorf, B. L.: Sprache, Denken, Wirklichkeit – Beiträge zur Metalinguistik und Sprachphilosophie, Reinbek, 1963

Wille, A.: Voice Dialogue – Dialog der Stimmen, in: Praxis der Kinderpsychologie und Kinderpsychiatrie, 1991, 40, 227–231

Wilpert, G. v.: Sachwörterbuch der Literatur, Stuttgart, 1955

Wirtz, U.: Seelenmord – Inzest und Therapie, Zürich, 1989

Wygotski, L. S.: Denken und Sprechen, Frankfurt/M., 1972

Yalom, I. D.: Die Liebe und ihr Henker – und andere Geschichten aus der Psychotherapie, München, 1990

Yontef, G. M.: Gestalttherapie als dialogische Methode, in: Integrative Therapie, 1983, 2–3, 98–130

Yontef, G. M.: Recent Trends in Gestalt Therapy in the United States and What We Need to Learn from Them, in: The British Gestalt Journal, 1991(a), 1/1, 5–20

Yontef, G. M.: Techniques in Gestalt Therapy, in: The British Gestalt Journal, 1991(b), 1/2, 114–115

Yontef, G. M.: Awareness, Dialogue and Process – Essays on Gestalt Therapy, Highland (New York), 1993

Zalaquett, C. P.: The Internal Parts Model – Parts, Polarities, and Dichotomies, in: Journal of Integrative and Eclectic Psychotherapy, 1989, 8/4, 329–343

6.2. Namen

Akhtar u. Byrne 64
Alban u. Groman 137

Barrett 9
Becker 78
Beisser 25, 63, 145, 151
Bergantino 23
Besems u. van Vugt 154
Bock et al. 14, 108, 110, 155
Bock u. Eidenschink 155
Bock u. Staemmler 57
Brallier u. Hoffman 67, 84
Brook 68
Bruner 30
Buber 19f., 119, 151f.
Bünte-Ludwig 29
Büntig 107
Bungardt 153f., 157-160

Carr 13
Cashdan 27, 30
Christopher et al. 68
Ciompi 87
Clarke u. Greenberg 13
Clarkson u. Mackewn 18
Cohn 10, 34
Crisp 68f.
Crocker 71

Dolliver et al. 14, 96
Dretske 149
Drews u. Brecht 35
Dublin 67, 140, 154

Edelman 147

Eicke 107
Elliott 13
Ellis 95
Enright 12, 127, 129
Esalen 29
Ewreinow 29f.

Fagan 45
Fagan u. Shepherd 12, 25, 129
Flaubert 145
Fraiberg 100
Freiler et al. 12, 110
Freud 30, 68, 111f., 122, 130, 144f.
Friedman 50
From 53, 134-136
Frühmann 12, 110
Fuhr 94

Giese u. Kleiber 101
Graf 144
Grawe et al. 12
Greenberg 13, 55-58
Grinder u. Bandler 100
Grotstein 68

Hall 139
Hamilton 64
Harman 12
Harris 63
Hatcher u. Himelstein 45, 142f.
Heimann 72
Hörmann 147f.
Husserl 131

Hycner 19, 22, 54

Iljine 29

Jacobs 24
Janssen u. Wecke 82

Kelley 24
Kepner 151
Kernberg 67f., 70, 74f., 80
Khan 83
Klein 68
Kleist 150
Korb et al. 11
Kohut 30
Kutash u. Wolf 31

Ladenhauf 155
Latner 17, 71
Leutz 31
Lewin 142
Lichtenberg u. Slap 68
Lippitt 31
Lurija 147

Mahler et al. 35
Marcus 54
Marmar u. Horowitz 69
Melnick 15, 33, 100
Metzinger 77, 142
Miller 159
Moreno, J. L. 29-33, 40, 129
Moreno, Z. T. 33, 40
Moser 13, 33, 66, 136, 151
Müller 134f.

Naranjo 12, 26, 142f.
Nevis 63
Niessen 137

Pasierbsky u. Singendonk 146
Paul 48
Perls, F. 9-12, 14, 17f., 25f., 29, 32-34, 37, 40f., 43, 47f., 51, 58, 62, 67, 71, 76, 92, 95f., 106, 108-110, 120, 122-136, 139f., 143f., 152, 155
Perls et al. 67, 71, 76
Perls u. Baumgardner 42, 45, 92, 104, 129
Perls u. Levitsky 12, 37-40, 106, 144
Perls, L. 152
Peters 29
Petzold 29, 120, 155
Philippson 62, 80
Piaget 100
Pöppel 72
Pörtner 30
Polster, E. 22-24, 72
Polster, M. 53
Polster u. Polster 71, 129, 134
Pruyser 68
Pythagoras 137

Redmountain 134
Reinhardt 29
Rice u. Greenberg 13, 55
Rogers 95f., 129, 150
Rohde-Dachser 74, 80, 88
Ronall u. Feder 10, 34

Sacks 31
Schafer 143
Scharfetter 72
Schütte 101
Shaw 153f., 157, 159-161, 163
Simkin 129

Smith 129, 135, 139f., 154
Speros 13
Staemmler, B. 14
Staemmler, F.-M. 12, 14, 19, 28, 34, 47, 55, 58, 67, 72, 95, 97, 101, 119, 137, 145, 150f.
Staemmler u. Bock 25, 28, 46, 51, 67, 74
Stern 35, 68, 150f.
Stevens 108
Stevenson 73
Stratford u. Brallier 67

Thomä u. Kächele 27
Tobin 107f.

Vööbus 11

Volkan 76, 91

Walter 155
Wendorff 72
Whorf 143, 145
Wille 13
Wilpert 31
Winnicott 66
Wirtz 154
Wygotski 30, 146-148

Yalom 13, 98
Yontef 11, 21, 26, 67, 135, 140

Zalaquett 13
Zinker 129

6.3. Stichwörter

Abwehrmechanismen 71, 77

Bedürfnis 21, 49-51, 59f., 69, 77, 97, 107, 109f., 113, 123f.
Beratung 116, 122
Bewußtheit, Gewahrsein 19, 23, 25f., 28, 40, 53, 55f., 62f., 69, 74, 80f., 97, 102, 105, 131, 142f., 151
Bewußtsein 30, 45, 72, 74, 78, 137, 145, 147, 150, 161f.
Bewußtseinszustand 137
Beziehung, therapeutische 12f., 16-18, 19-24, 28, 64, 66, 68, 77, 80, 85f., 91, 94, 96, 125, 127, 136, 140, 148, 151
Bioenergetik 143

Defizit 12, 100f.
Deflektion 71, 95, 102
Depression 62
Diffusion 61, 115

Egoismus 71
Eklektische Therapie 13
Existentielle Therapie 13
Expansion 61
Experiment 21f., 24, 86, 100, 118, 127f., 131, 134

Figur 54, 73

Gestaltqualität 105

Hier und Jetzt 72f.
Hintergrund 30, 54-56, 72-74, 81, 140, 157

Ich-Du 19-21
Ich-Es 19f.
Idealisierung 64f., 76
Identifikation 50, 56, 70, 75, 79f., 82-86, 90f., 98, 107, 114, 122-138, 141, 156-160
Indikation 12f., 20, 61, 87, 97, 105, 115, 121f., 140f.
Intervention 18, 27-29, 52, 91, 109f., 112, 127, 138, 148, 151
Introjekt(ion) 70f., 156, 161

Klienten-zentrierte Therapie 13, 150
Konflektion 71
Konflikt 26, 30, 45f., 48, 52, 55, 57, 61f., 70, 75, 78, 83, 86f., 109f., 113f., 121, 132, 141f.
Konfluenz 71
Konfrontation 55, 76f., 80-82, 85, 99, 110, 113
Kontakt 11f., 28, 41, 45, 49, 53, 55, 88, 96, 118f., 121, 134f., 155
Kontraindikation 12, 13, 45, 66, 83, 112, 151, 155
Kontraktion 61

Machtmißbrauch 20, 24, 88, 94, 139, 154, 157, 159-161
Multiple Persönlichkeit 84

Neurotische Mechanismen 71

Opfer 99, 157-160

Paradoxe Theorie der Veränderung 25, 63
Phänomenologie 21, 25, 67, 69, 134
Phantasiegespräch 41, 43f., 92-122, 133, 138, 141, 145f., 155-157
– monologische Form 41-44, 96-106, 107, 112f., 115, 121, 133, 141
– dialogische Form 43f., 96, 106-122, 141
Phantasierte Reaktion 106-115, 120f., 141
Polarisation 46, 50f., 61, 87, 113, 115, 141
Prägnanz 26, 54-56, 93, 97, 101, 115, 150
Proflektion 71
Projektion 33, 36, 41, 56, 71, 98, 109, 122-128, 132-135, 141, 155f.
Psychiatrie 72, 116, 129
Psychoanalyse 10, 13, 30, 34, 53, 68-71, 88, 130, 144
Psychodrama 13, 29, 31-33, 39f., 128f., 140
Psychose 62

Rationalisierung 54, 102, 144
Regression 80, 98f.
Repräsentanz 34-36, 38-41, 43f., 47, 50f., 67, 76-78, 82, 86, 92, 94, 97f., 107, 112-114, 123f., 130, 132f., 138
Repräsentation 32, 52, 63, 69, 94, 100, 115, 138, 148
– inszenierte 115, 121, 141
Retroflektion 71, 134f.

Rollenspiel 114-122, 133, 138, 141

Schizophrenie 72
Selbstgespräch 39f., 43-93, 96, 100, 102, 109, 112-114, 132, 138, 141, 145, 151, 155, 156
– fruchtbares 45-61, 78, 88, 109, 141
– unfruchtbares 45-61, 78, 88, 141
– modifiziertes 61-92, 141
Selbstmord 48
Spaltung 14, 37, 39, 45, 61-92, 141, 151, 157
Sprache 57f., 143-151
Stagnation 46, 51, 61, 87, 113, 115, 141
Störungen, psychische
– borderline 62, 67, 88
– frühe 62, 76
– narzißtische 62, 64
Supervision 57, 66, 71, 116-118, 122
Systemische Therapie 13

Thema, Thematik 20, 59, 97f., 115, 143, 146, 150f.
– Stellenwert des Themas 67
Themenzentrierte Interaktion 13
Topdog/Underdog 37, 47-50, 52, 59
Traum 122f., 128-138, 141f., 155
Transaktionsanalyse 13

Übertragung 33, 36, 68, 80, 86, 91, 136
Unterstützung 20f., 24, 41, 56, 63, 79, 80-82, 84-86, 89f., 97, 99, 101, 105, 112f., 122, 136, 143, 155, 159

Veränderungsprozeß 19, 27f., 51,
    61, 115, 122, 152
Verantwortung 22, 55f., 83f.,
    112, 123f., 142, 153, 156,
    162
Verdrängung 68, 74, 157
Verhaltenstherapie, kognitive 13
Verleugnung 70f., 74f., 157-159
Vermeidung 33, 49-51, 59-62, 87,
    101, 110, 113, 121, 159

Vordergrund 30, 54-56, 59f., 72f.,
    110, 116, 139

Wahn 36
Widerstand 22, 99, 128
Würde 24f., 99

Zentrum für Gestalttherapie 14,
    167

6. 4. Diagramme

Diagramm 1 (Selbstgespräch-Technik) 38
Diagramm 2 (Phantasiegespräch-Technik, dialogische Form) 38, 107
Diagramm 3 (Phantasiegespräch-Technik, monologische Form) 44, 97
Diagramm 4 (Unfruchtbares Selbstgespräch) 47
Diagramm 5 (fruchtbares Selbstgespräch) 51
Diagramm 6 (Spaltung) 77
Diagramm 7 (Spaltung in Auflösung) 82
Diagramm 8 (Konflikt nach aufgelöster Spaltung; vgl. Diagramm 1) 86
Diagramm 9 (Verknüpfung von Selbstgespräch mit Phantsiegespräch-Technik) 114

pfeiffer

Frank-M. Staemmler / Werner Bock

Ganzheitliche Veränderung in der Gestalttherapie

In einer kritischen Revision folgen die Autoren der Entwicklung der Gestalttherapie, präzisieren deren Hauptbegriffe und erarbeiten eine neue systematische Beschreibung des therapeutischen Verlaufs. Fortschritte in der Theoriebildung, Präzisierung des therapeutischen Verlaufs und die Einarbeitung von Sitzungsprotokollen zeichnen den Band aus.

186 Seiten, Broschur
ISBN 3-7904-0580-9
Leben lernen 78

Frank-M. Staemmler

Therapeutische Beziehung und Diagnose

Gestalttherapeutische Antworten

Der Autor beginnt die Suche nach seinen gestalttherapeutischen Antworten bei philosophisch-anthropologischen Überlegungen und führt sie auf verschiedenen Ebenen bis in praktisch-methodische Erwägungen hinein. Dabei setzt er sich kritisch mit der bisherigen gestalttherapeutische Theorie sowie mit wichtigen psychoanalytischen Vorstellung von der therapeutischen Beziehung auseinander.

336 Seiten, Broschur
ISBN 3-7904-0610-4
Leben lernen 90

J. PFEIFFER VERLAG
Anzinger Straße 15 · 81671 München

Aus der Reihe Leben lernen